This is Sirai Seiichi

白井晟一 入門

渋谷区立松濤美術館 編

青幻舎

　このたび渋谷区立松濤美術館は、開館40周年を記念して「白井晟一 入門」展を開催いたします。

　白井晟一（1905〜83年）は京都で生まれ、京都高等工芸学校（現・京都工芸繊維大学）図案科卒業後、ドイツで哲学を学ぶなど異色の経歴をもつ建築家です。林芙美子などと交流した滞欧期を経て帰国後、義兄の画家・近藤浩一路の自邸の設計を手がけたことを契機に独学で建築家への道に進みました。その後《歓帰荘》や、秋田の《秋ノ宮村役場》といった初期の木造の個人住宅・公共建築から、長崎の《親和銀行本店》、東京の《ノアビル》《渋谷区立松濤美術館》など後期の記念碑的建築まで、多くの記憶に残る作品を残しました。そのユニークなスタイルから「哲学の建築家」などとも評されてきました。

　一方で、建築以外の分野でも才能を発揮し、多くの書籍装丁デザインを手がけ、なかには「中公新書」「中公文庫」の装丁など、現在まで使用されているものもあります。また文筆や、書家としての活動など、建築の枠組みを超え、形や空間に対する思索を続けました。

　本展は、初期から晩年までの白井建築や、その多彩な活動の全体像にふれる、いわば白井晟一入門編として構成するものです。

　第1部『白井晟一クロニクル』（2021年10月23日〜12月12日）では白井晟一の設計した展示室で、オリジナル図面、建築模型、装丁デザイン画、書などを、白井晟一研究所のアーカイヴを中心に展示し、その活動をたどります。

　第2部『Back to 1981 建物公開』（2022年1月4日〜1月30日）では晩年の代表的建築のひとつである松濤美術館そのものに焦点をあてます。開館以降、作品展示のために壁面等が設置されている展示室を、白井がイメージした1981年当初の姿に近づけ公開します。

　最後に、本展の開催にあたり、多大なるご協力を賜りましたご遺族、各建築のご所有者と関係者のみなさま、貴重な作品・資料をご出品いただきましたご所蔵家、各関係機関のみなさま、白井晟一に関する研究調査のためにご助成をいただきました公益財団法人ポーラ美術振興財団、美術館連絡協議会、ご協賛社各位をはじめ、本展の実現のためにご支援とご協力を賜りましたすべてのみなさまに、心よりの御礼を申しあげます。

渋谷区立松濤美術館

The Shoto Museum of Art is very pleased to present the exhibition *This is Sirai Seiichi,* marking the milestone of 40 years since the museum's opening.

Born in Kyoto, Shirai Seiichi (1905-83) was an architect with a unique background, which included studying philosophy in Germany after graduating from the design department of Kyoto Craft High School (a forerunner of the present-day Kyoto Institute of Technology). During in his stay in Europe, he associated with the novelist and poet Hayashi Fumiko and others, and after returning to Japan he embarked on the path of architecture through independent study. He started his career by designing the residence of his brother-in-law, the painter Kondo Koichiro. Shirai went on to design many highly memorable buildings, from early wood-frame private homes and public facilities such as the Kankiso Villa and the Akinomiya Village Office in Akita Prefecture, to monumental late-career designs including Shinwa Bank Main Branch (Nagasaki), the Noa Building and the Shoto Museum of Art (both Tokyo). His unique style led him to be described as a "philosophical architect."

Shirai had wide-ranging talents in fields other than architecture, designing many book bindings, some of which are in use to this day, notably for the Chuko Shinsho and Chuko Bunko imprints of the publisher Chuokoronsha. He was active as a writer and as a calligrapher, consistently applying his ideas on form and space without limitation to the framework of architecture.

This exhibition is structured as an introduction to the world of Shirai Seiichi, offering an overview of Shirai's architecture from throughout his career and his diverse array of other activities.

Part 1 of the exhibition, titled *Chronicle of Shirai Seiichi* (October 23 to December 12, 2021), traces the course of his career through original drawings, architectural models, book binding design drawings, calligraphy and more, primarily drawn from the archives of the Shirai Seiichi Institute and exhibited in galleries designed by Shirai himself.

Part 2, *Back to 1981 – Museum Unveiling* (January 4 to 30, 2022), focuses on the Shoto Museum of Art itself, which is among the most renowned designs of his later years. Museum galleries which, since the museum's opening, have had structures such as walls installed for display of works, will be restored as closely as possible to the form Shirai envisioned in 1981 and displayed to the public.

In closing, we would like to express our most heartfelt gratitude to the family of Shirai Seiichi for their generous cooperation, and to the owners of buildings and related persons, the collectors and the museums who permitted display of their valuable works and materials, other relevant organizations, the Pola Art Foundation for its assistance with research on Shirai Seiichi, the Japan Association of Art Museums, all of our corporate supporters, and all others whose support and cooperation made this exhibition possible.

The Shoto Museum of Art

渋谷区立松濤美術館 開館 40 周年記念
白井晟一 入門

第 1 部／白井晟一クロニクル 2021 年 10 月 23 日（土）〜 12 月 12 日（日）
第 2 部／Back to 1981 建物公開 2022 年 1 月 4 日（火）〜 1 月 30 日（日）

主催：渋谷区立松濤美術館、読売新聞社、美術館連絡協議会
協賛：ライオン、DNP 大日本印刷、損保ジャパン、
　　　日本テレビ放送網
助成：公益財団法人ポーラ美術振興財団

The Shoto Museum of Art 40th Anniversary Exhibition
This is Sirai Seiichi

Part 1: Chronicle of Shirai Seiichi
　　　　October 23 (Sat.) – December 12 (Sun.), 2021
Part 2: Back to 1981- Museum Unveiling
　　　　January 4 (Tue.) – January 30 (Sun.), 2022

Organized by The Shoto Museum of Art, The Yomiuri Shimbun,
The Japan Association of Art Museums
Sponsored by Lion corporation, Dai Nippon Printing Co., Ltd.,
Sompo Japan Insurance Inc., and Nippon Television Network
Corporation
Supported by The Pola Art Foundation

謝辞

　　　本展覧会を開催するにあたり、多大なご協力を賜りましたみなさま、貴重な作品や資料をお貸出しいただいたご所蔵家、美術館・図書館・関係各機関のみなさま、調査および情報提供でご協力をいただきました関係各位に、心よりの感謝を申しあげます。

　　　ここにお名前を記載することを差し控えられた多くの方々にも、計り知れないご協力を賜りました。重ねまして深く感謝申しあげます。（順不同、敬称略）

白井昱磨	桐原武志	鳥潟宏一	白井晟一研究所
白井原太	北澤智豊	戸張泰子	白井晟一建築研究所（アトリエNo.5）
	喜名眞魚	中村文明	
	黒川裕之	中森隆利	
青木茂	古本凡夫	長尾晃	安中市教育委員会
秋山純子	小池周子	中澤一雄	アーツ前橋
天野圭悟	近藤清香	中澤正	安曇野市文書館
阿部武彦	後藤理加	野口良哉	岡本写真工房
阿部武徳	佐藤克弥	芳賀久嗣	株式会社大和組
飯塚康彦	佐藤明	早川典子	株式会社 ART OFFICE OZASA
飯塚志穂	笹尾光	長谷川健太	株式会社ノアビルディング
伊藤時男	佐伯聡子	平野晃一	カミムラ造形サービス
五十嵐俊之	齊藤勝彦	平賀竜之助	株式会社川澄・小林研二写真事務所
池田尚文	沢良子	平林彰	株式会社竹中工務店
石川博厚	佐々木葉子	平山治郎	茨城キリスト教学園
海上和子	塩野哲也	藤本嘉宏	株式会社ウナックトウキョウ
太田修	塩野和子	布野修司	共立リゾート 秋の宮温泉郷 湯けむりの宿 稲住温泉
奥田重徳	柴田尚子	藤森照信	京都工芸繊維大学 美術工芸資料館
岡田芳保	下出茉莉	藤村里美	京都工芸繊維大学 附属図書館
大冢義樹	清水川隆	藤村政夫	群馬県立土屋文明記念文学館
小笹義朋	鈴木めぐみ	細川知正	国立近現代建築資料館
押切宗助	菅原輝之	松成和夫	高知県立美術館
尾形光男	菅原龍彦	松山巖	静岡市立芹沢銈介美術館
大村理恵子	染谷滋	松隈洋	新宿区立新宿歴史博物館
太田智子	高橋理信	松田久	株式会社十八親和銀行
奥岨玲子	高山明	村上直子	大日精化工業株式会社
岡本寛治	高山清貴	村井久美	高島屋スペースクリエイツ株式会社
小野浩二	多田徹	門馬英美	株式会社中央公論新社
大橋正典	建畠哲	桃井慎一郎	長崎県美術館
柿沼守利	田根剛	柳沢知孝	広瀬鎌二アーカイブズ研究会
川添康子	谷内克聡	山本康一	ヒノキ新薬株式会社
川添歩	田中龍也	矢野和之	武蔵野美術大学 美術館・図書館
河内えり子	津田基	山野内貴斎	山梨県立美術館
加藤直子	寺内朋子	吉野毅	湯沢市教育委員会
片岡美穂	時津寿芳	吉田英子	
上村卓大	鳥越 麻由		

もくじ／CONTENTS

［凡例］

• 本書は2021年10月23日（土）から2022年1月30日（日）まで渋谷区立松濤美術館で開催する「白井晟一 入門」展の公式図録として刊行された。

• 本展の英字タイトル「This is Sirai Seiichi」の名字表記は、生前白井晟一が使用していた「Sirai」に準じたが、その他ではヘボン式による「Shirai」に統一した。

• 各建築作品のデータは以下の通り
建築名｜建築名（英訳）｜竣工年｜所在地｜現在の状況（現存・現存せず）

• 原則として、データは各所蔵者から提供された表記に従った。

• 作品番号は展覧会会場での陳列番号および陳列の順序とは一致しない。

• 章解説は、渋谷区立松濤美術館の平泉千枝（p.22,27,182）と、木原天彦（p.38,101,156）が執筆した。

• 作品解説は、平泉（p.28,30,32,34〜36,40,42,48,53,54,60〜63,74,86,90〜91,94,102〜103,154,158,184,186,188,190,192,194〜198,202,208,210）と木原（p.44,52,64,70,72〜73,76,78〜79,92,98,104,108,112,118,124,138,142,144,146,148,166,176,178,180）が執筆した。

• 英訳はクリストファー・スティヴンズが担当した。

白井晟一と二つの塔 懐霄館とノアビル

白井晟一研究所　白井昱磨

塔は孤独な道しるべのように、人に自信と慰安をあたえる仲介者のように、雄々しく誇らかにそびえ立つ。それは、泡立つ大洋の中の帆柱のように、すべてをのみこんでしまう形のない空間の脅威に対して、確実な定点を示すのである。

M.R.アレクサンダー『塔の思想』

　白井晟一は晩年二つの〈塔の建築〉を遺した。「懐霄館」と「ノアビル」である。「ノアビル」は東京飯倉の三差路に1972年に着工されたが、途中中断を経て1974年に竣工した、地下2階、地上15階、62mの高さのテナントビルである。一方「懐霄館」は1973年から75年にかけて長崎県佐世保市の商店街のはずれに親和銀行本店(当時 現在は十八親和銀行)のコンピューター棟として建てられた地上11階、高さほぼ45mの建築である。興味深いのはこの二つの建築が高さだけとればありふれた中高層の商業ビルであり、ほぼ同時期に同じ建築家によって設計されたものであるにもかかわらず、全く異なった性格の〈塔の建築〉として計画されたことである。そして共にかれの設計した建築の中でもとりわけ謎の多い建築で寓意的、空想的な解釈を誘発することになった。謎といっても設計者のイメージや意図、コンセプトの合理的結果であり、謎に意味があるわけでも、当然謎かけを目的としているわけでもなく、ただ現代建築の通念的な理解からは謎に見えてしまう点が多いということなのだが。本稿はその謎と向き合って白井晟一という建築家と、ある意味ではかれが最後に到達した建築作品ともいえる二つの〈塔の建築〉について考える。

I ノアビル

　「ノアビル」はその立地を抜きには捉えがたい建築

である。桜田門から始まる桜田通りが坂を上りきって、そこから折れて下りに転じるところで、六本木から延びてきた外苑東通りとぶつかる三差路の中心に建っている。1975年にサインデザイン賞の金賞を受けるが、その際の座談会で白井は「道しるべ」「都市の顔」[1]になるものをつくりたかったと語っている。飯倉のこの三差路は近くの東京タワーのある芝公園よりもさらに高台で、そこから皇居の周りに広がった東京の中心部を見渡すことができ、同時にかなりの広い範囲から見通せる場所で、数字的な高さ以上に建築が高さを発揮する立地だった。外壁に埋め込まれた設計者自身の手で形を仕上げたノア地蔵と呼ばれるものもこの建築に伴う謎の一つだが、敷地の「結界」的な地勢と妙に符合するオプションと言えるばかりでなく、結界に設けられた道祖神への連想を導くことも、かれの「道しるべ」という発言から織り込み済みであったことがうかがえる。

　「ノアビル」(p.154)はドイツ中世の市壁や城壁のおもむきをもった割肌レンガ積みの3階分の高さの基壇に、それとは対照的な近未来的な楕円形のメタリックなシャフトの載った建築だが、白井は背後で基壇とシャフトを繋ぐように屹立するエレベーター、階段などを収容するコア棟との三位一体の造形と考えていた。したがって割肌レンガとブロンズ色に発色させたメタルに対してどのような形と質を対比させるかは大きな意味を持っていた。結果選ばれたのはコンクリートのパネルだった(実際にはさまざまの制約からコンクリート様に発色させたアルミのダイカストパネルが用いられた)。後で述べるもう一つの〈塔の建築〉である「懐霄館」を含む親和銀行本店の3つの建築でも、同質性と連続性を退けて、独立性の強い異質なものの複合的な一体性が意図されるが、「ノアビル」はそれが一つの建築で行われている。

　この異質なものの三位一体の造形と並んで「ノア

ビル」を特色づけているのは、割肌レンガ積みの弧に湾曲した壁の中央に開かれた幅3m弱、高さ11m余りのヒューマンスケールを越えたアーチの入り口である。公道に接して建つ建築の入り口に内と外を区切る扉が設けられていないことも特筆すべき点である。通りからは赤御影石の階段を数段上って1階のフロアに達するが、左右の壁は鏡面効果を持つほどに磨かれた黒御影石で、ハレーションを起こしながら外の世界を写し出し、奥で半円形のニッチを構成している。天井にはガラスの代わりに白井がしばしば用いるオニックス大理石が使われた。

「ノアビル」の一般のビルと違う印象はその楕円の形状や質感ばかりでなく、通常のテナントビルにしては窓が異常に少ないように見える点にもあった。しかし8階は全面ガラス張りであり採光面積を確保するほどには窓も設けられている。外壁のブロンズ色のパネルと同じ大きさの厚いブロンズペーン・ガラスを窓とすることによって、外光の当たり方によっては壁と窓の区別がつきにくい時もある。いずれにしてもガラスのカーテンウォールのビルとは対照的なデザインであり、窓の無い漆黒の〈塔〉に見えることになる。

「ノアビル」のクライアントはそれまで竹中工務店の設計施工でビルを建ててきていた。しかし「ノアビル」のケースでは建築家の設計を望み竹中工務店にその紹介を依頼した。1966年以来親和銀行本店の建設に携わっていたこともあったのだろうが白井を推薦する。そうして始まった設計だったが、図面や計画模型を見て気にいっていたクライアントは、しかしさまざまに意見の合わなかった白井を外して基本設計を買いとる形で建設をスタートさせようとした。困り果てた設計部の担当者K氏とA氏は白井を訪ねる。白井は「共に建築に携わるものとし

てそのようなクライアントの理不尽に屈するべきではない。」と応じる。いずれにしてもここで建設は中断された。数か月後工事は再開するが後にショーウィンドウをめぐるトラブルに繋がっていった。1977年に新聞のコラムに短いエセーを連載していた白井はそこで「建築は誰のものか」という小文を寄稿した。それは「ノアビル」のオーナーとなったクライアントと大口のテナントとの間で交わされていた密約があり、すでに竣工して3年近くが経過していたが入り口の脇にショーウィンドウを開けるというものだった。結局設計者との相談も合意もなしに実行された。白井がコラムで述べているのは、建築デザインの著作権の問題もさることながら、すでにノアのビルとして愛され、都市を構成する一部となった建築は不特定多数の市民が所有するものでもあるという点だった。そしてまた、そのような建物を所有するということは、その建物が「具体的に都市構成の部分を形成するという自覚」[2]を伴わなければならないことを主張する。なぜかれはこれほどまでに強い調子で都市の建築物における公共性の問題を発声したのか。実はそこに「ノアビル」のさまざまな謎、何よりも「ノアビル」を〈塔の建築〉として設計したかれのモチベーションが示されている。

クライアントの名前がNで始まることを表向きの理由にして建築自体に「ノア」の名前を刻印し、外壁にテナントビルの機能とは何の関係もないノア地蔵などという彫像を彫り込み、通りに面した正面入り口には門も扉も設けない。クライアント、出資者にひたすら恭順することの多い建築家の倫理観から見れば、白井の行動はあり得ない傲慢な倫理違反と見えるものであったに違いない。「ノアビル」は白井がその設計を引き受けた当初から、個人所有の商業ビルを如何に公共に開かれた建築として成立させるかということが、かれのモチベーションに深く関

わっていた。コラム「建築は誰のものか」から、一般のテナントビルと比べれば〈塔の建築〉であることを含めて謎に見えることの多くがこのモチベーションから生まれたものであったことが見えてくる。

　今日では私的所有と公共性の対立関係は大きく変わり、公共性の追求はむしろ企業の利益追求の戦略に組み込まれているが、そのような理解は1970年代の日本の社会ではまだ未成熟だった。ノアビルで白井が挑戦した公共性の追求はそれを先取りするものだったと今では言えるだろう。クライアントに大切な建築の設計を任せられた建築家はその信頼に応えようと努力する。しかしそれだけでは建築家の責務は成就しない。利益追求の手段でしかない商業ビルに公共に開かれた価値が生まれれば、それはやがて利益を支えるものにもなりうる。白井が初期の作品から「夕顔の家」「歓帰荘」「知宵亭」「四同舎」「石水館」そして「ノアビル」「懐霄館」などと名前を付けることが多かったのも、人でいえばニックネームに比せられるものであり、私的所有に収束してしまう建築を公共に開こうとするモチベーションと繋がっている。

Ⅱ　懐霄館

　1966年に着工された佐世保親和銀行本店（当時）はほぼ連続して順次に建設された3つの建築の集合体である。それぞれがⅠ期、Ⅱ期、Ⅲ期の建築と呼ばれ、「懐霄館」は全体をしめくくることになったⅢ期の建築である。竣工は1975年なので全体は10年がかりで設計、建設されたことになる。Ⅰ期が建設されていたとき隣では老朽化した様式建築の中で営業が続けられていた。この旧館がやがて取り壊されることを予想していた白井は前もってⅡ期の建築の設計を始めており、そのためⅠ期が竣工し業務が移されると旧館の解体に続けてⅡ期の建設がすぐに着

手された。

　Ⅰ期の建築が完成し姿を現すとそのファサードが白井の「原爆堂計画」（1954〜55年）を彷彿とさせるものであることが話題になった。「原爆堂」は正方形の立体を円筒が貫く形で、材質までリアルに描かれたパースを通して建築界ではよく知られていた。その原爆堂を半分に割ったような形に見えたのである。Ⅰ期の建築は八角形の立体と長円の筒状の立体が合体したものだったが、大きく張り出したキャンティレバーや外壁の黒い御影石と白い大理石の組み合わせは同じだった（p.113）。

　1968年から70年にかけて建設されたⅡ期の建築（p.118）は、駒返しを裏返したような匙面に抉られた1階分の高さをもつ御影石の基壇の上に、ブロンズの板で覆われた筒状の上屋が載っている。自然の素材の基壇上にメタリックな筒状の上屋が載る組み合わせは「ノアビル」と同じである。興味深いのは同じ銀行に隣接して増築される建築が同質性や連続性を達成しようとするものではなく、むしろ逆に異質で対照的でさえある建築で構成された点である。そして二つの建築はどちらにも属さない異質な透明のガラスの小部屋で結ばれた。Ⅱ期の建築の圧巻は紺碧の空か海のような色のベルベットで張り上げられた壁に包まれた4階吹き抜けのバンキングホール（p.120）である（残念ながら今では別の生地に張り替えられ当時の魅力は失われてしまった）。デスクに照度を得るために天井にはハロゲン球を使った巨大な楕円の照明が設けられた。ハロゲン電球は高熱を持つため天井裏には大掛かりな冷却装置が設置された（今日のようにLED電球が開発されていたらこのような装置は無用だった）。

　Ⅲ期の建築「懐霄館」（p.124）は大型コンピューターの導入の必要な状況が生まれ、改めて新たな増築の設計を白井に委嘱したものだった。したがってⅡ期とは異なり建設は設計の終了を待って1973年に

始まるが、この年オイルショックが襲い物価が急騰し、それ以前に作られていた施工の見積もりでは実施が困難になってしまった。その間、地下に強固な支持基盤になる岩盤が見つかり杭等の大幅な量的削減が可能になるという幸運もあって、施工会社とメーカー、下請会社などの譲歩や協力を得て銀行頭取の決断によって着工されることになった。11階建てのビルの外壁を覆う石材は当初は御影石で計画されていたが、コストを下げるために韓国の黒色レンガ「磚（せん）」なども現地までおもむき検討されたが、長崎の眼鏡橋に使われていた諫早石に目をとめた白井は、それが安価で出荷されている家族経営の石材会社の情報を得て決定された。

「懐霄館」は割肌に加工されたこの砂岩系の諫早石で覆われている。ファサードは飛行機の主翼のように棟を前に突き出した切妻屋根で、その下で壁は左右から放物線（円弧ではなく）を描いて中央を左右に切り開くスリット状の窓にのみこまれる。スリットは壁を垂直に下降して直径3mほどの赤御影石の円窓で止まり、円窓は同材で構成された巨大な入り口（p.125）の枠と一体化する形でその上に載っている。枠の左右の方立は奥へと延びて入り口内部の壁になり、その壁には柔らかい素材を曲げたようなデザインのスリットや、石の壁から削り出されたような照明のブラケットが突き出ている。入り口の奥には噴水のある浅い池が設けられ、水面からガラスの壁が立ち上がり奥のスペースが見通せて空間は連続するが、その壁と池に阻まれて動線は左右に分断される。左側には業務用の、右側には10階のサロンや11階の展望室へ導くエレベーターのホールが設けられ、右側のホールは鏡のように研ぎだされたカシュー塗の漆黒の壁に囲まれている。それぞれのエレベーターホールを回りこむと、ガラス越しに見えた劇場のホワイエのような3階吹き抜けの空間に到

達する。2階と3階からは形状の異なったギャラリーがつき出しており、それぞれの手摺の立ち上がりは緑色の大理石とトラバーチンの組み合わせでデザインされている。空間の移動に伴って目に映るもの、身体に感じるものが意外性を伴った連続と切断によって目まぐるしく変化する。

このホールの池と同じように10階のサロンとポーチでも二つの空間にまたがって池が設けられ、そこからガラスの壁が立ち上がっている。I期の階段の脇にもやはり噴水のついた小さな池がある。本店に先立って建設された同銀行の長崎の大波止支店（1972年）は前面に浅い池が設けられていてファサードはその上に浮いているようなデザインである。白井の建築では水はしばしば重要な役割を担って設計された。「原爆堂」は地上から切り離された池の水面を割って立ち上がっている。人は池の底の通路を進まなければ建築に至らない。「浅草善照寺」（1958年）は水に見立てた白い玉石が敷き詰められ、建物から大きくせり出したバルコニーは上屋を載せて屋形船のように水の上を浮く建築に見える。「石水館」（静岡市立芹沢銈介美術館、1981年）はその名の通り石と水の建築であり、噴水の吹き出す四角い池をコの字に囲むプランで、展示を見ることだけに拘束される美術館ではなく、アーチの窓から差し込む光と室内の小さな池の噴水の音が響くなかで、観客に居心地の良い空間を提供し、その上でゆったりした気持ちで展示に臨むことの出来る小美術館が意図された。入り口の脇では滝が水を落とし、特別室の坪庭には流れが設計されている。周りをマンションや住宅で囲まれている「松濤美術館」（渋谷区立松濤美術館、1980年）は自由に窓を設けられる環境になく、白井は地上2階地下2階の建物の中央を上から下まで楕円形で刳り貫き、各階に光を届けるいわば光のシャ

フトを貫通させた。そしてそのシャフトの底からは数本の噴水が音を立てて勢いよく噴出している。ここでは水は単なる建築を構成する一部ではなく、建築に身体性をもたらす装置の役割を担っている。

「懐霄館」はI期、Ⅱ期が商店街に面しバンキングホールへの正面入り口を持った建築であるのに対して裏の位置にあり一般の顧客が出入りする建物ではない。そこに巨大で立派な入り口が設けられた。白井はこの親和銀行本店の建築が増築や変更を繰り返して出来たものであることを、ハギアソフィアになぞらえた。最初から敷地全体を使って計画されたのであれば、統一的なイメージやコンセプトで設計を進めることも可能だった。しかしかれはこの「つぎはぎ」のプロセスを負の条件とはせずに、逆手にとって新しい可能性をもつ試みに挑戦していくことになった。形態上の同質性や連続性によって一体性や調和を追求するのではなく、むしろ逆に独立性の強い異質な建築を組み合わせ、その上でなお可能な一体性を獲得しようとした。Ⅲ期の建築も先行する二つの建築に引けを取らない異質でなおかつ独立性の強いものでなければならなったが、そればかりでなく今度は全体を一体化する可能性をもった建築でもなければならなかった。群や集合体を象徴的に一体化する〈塔〉の持つ可能性を「懐霄館」に求めることになったと考えられる。

古代の神殿のようなスケールの入り口は、単に「懐霄館」だけの入り口ではなく、裏手にはあるがこの複合建築全体の正面玄関の意味を持つものだった。当時は米軍の軍楽隊を伴った表敬訪問の式典に活用されたこともあったようだが、そのためだけに設計されたとは考え難い。10階でエレベーターを降り数段の階段を上るとそこは展望台で、大型客船の操舵室のように前に傾いた広い窓から臨めるのは佐世保の町ではなく、町と外の世界を繋ぐ佐世保港とそこから広がる果てしない海原である。後に白井は「懐霄館」だけをとりあげた一冊の本を編み、そのあとがきでクライアントへの謝辞を記した後で「日本の西の果てにある陋巷であるが、懐霄の塔というフィナーレによって、漸く市民権を得たかに見える親和銀行の工事には、断続十年の歳月が消えた[3]」と述べている。おそらくかれを信頼し設計を一任した二人の頭取との間には、単なる営業目的ではなく佐世保という町のシンボリックな存在となることによって、市民のアイデンティティーに関わることの出来るような銀行建築を実現することへの意志と情熱が共存していたのではなかっただろうか。I期の建築には市民の茶会などに開放する目的をもった和室や大きなホールが設計されていた。

Ⅲ 乾坤掌握

「野外に出て無限な蒼穹を仰ぐとほっとする。これが理想の色かと思う。生きている本当の理由が、身内に湧いてくるのである。[4]」

1956年の「めし」は白井のエセーでは珍しくこのような詩的なフレーズで始まっていた。「懐霄館」の霄は無限に広がる蒼穹を指している。その空を懐に抱くという名前である。〈塔〉は全体を見ようとすれば離れて見なければならない。周りの自然や都市、なによりも空を同時に仰ぐことになる。「懐霄館」とはつまり〈塔〉を意味している。白井の書に「乾坤掌握」（fig.1）というものがあるが、乾坤とは天と地でありそれを手の中におさめるという言葉で〈塔の建築〉のモチベーションにも通じるところがある。このエセー「めし」の少し前に、建築界の伝統論争に大きな波紋を投じたとされている「縄文的なるもの」（1956年）を発表していた。そこでは伊豆韮山の江川太郎左衛門邸の遺構に縄文的なるの

原質をとらえ、さらに武家時代草創期の創造的な宗教や文化に縄文的なるものの息吹をみとめる。一方、歴史の経過の中で様式化されてきたわび・さびに引きずられた従来の伝統論を弥生的なものと措定したうえで、伝統の問題を創造の問題として活性化する方法として、弥生と縄文のディアレクティークを提唱した。しかしかれの伝統論は建築界で正しく理解されることが少なく、弥生に対して縄文を称揚した「縄文好き」な建築家だったとする誤解はいまだに払拭されていない。あるいはかれが伝統論争に呼応して伝統を論じ始めたように捉えられているが、その4年まえに、敗戦後続いていた米軍の占領下で行われた講演「日本建築の伝統」（1952年）の中ですでに創造活動の不可欠な問題として伝統の問題を主題化していた。戦争に向かった時代の国粋思想との「不倫な聯繋（＝連繋）」に走った日本の建築家と建築の流れを敗戦は掃除する効果をもたらしたと述べ、しかし今度は戦勝国である欧米の近代の文化やイデオロギーに追従するばかりか規範とすることを怪しみもしない戦後の流れを批判した。さらにその原因が「伝統の自覚」の喪失にあると指摘する。かれの伝統論には「日本的創造」という語句がしばしば登場するが、それは和風建築を対象に語られたものではなくこの「伝統の自覚」を前提とする創造活動全般を指すものだった。伝統論争が続くなかで「豆腐」と「めし」を書いたのは、伝統の問題を体制やイデオロギーに支配された観念論や様式論から解いて、日常の生活の現実において捉えなければならないと考えていたからだった。豆腐もめしも日本人の長い生活のなかで成熟し完成した伝統として解析される。

　「日本建築の伝統」を皮切りに書かれた「縄文的なるもの」「豆腐」「めし」は白井が伝統を論じた4部作と言えるが、これに利休と権力と創造の問題を

fig.1

論じた「待庵の二畳」も加えるべきかもしれない。それらは「原爆堂」の設計を企てることになった戦後の日本の状況と関わるだけでなく、かれの建築家としての活動全体に流れる思想やモチベーションとも深く関わっていくものだった。「豆腐」ではその美を、複雑で多様な生成要素、製造過程にもかかわらず「緊密に結合して一つの全体のうちに溶け込み、渾然たる調和に統一されている[5]」ところに求めているが、それは異質なものの複合体の一体性を追求した親和銀行とノアビルの建築のモチベーションにも通じている。

　白井の伝統論に付け加えておかなければならないのは、伝統論とほぼ同じ時期に「天壇」「中国の石仏」（共に1955年）といったエセーを書いて、欧米の近代に平伏した戦後建築界では急停止してしまっていた中国やアジアへの視線を示していることである。これは伝統論というものが陥りやすいナショナリズムに対する目配りを示すものだったが、晩年になって東洋対西洋、アジア対欧米といった図式的で観念的な二元論が導いた狭隘なそして不毛な世界観を切断して、ヨーロッパと中近東とアジアを歴史的に繋いできたユーラシア文化圏全体を一つの文化として積極的に捉えるようになる。

　白井晟一に限ったことではないが、建築家の表現や設計活動の全体に目を向ければ、反覆あるいは変わらないものと変容が浮かび上がる。白井の設計には切妻大屋根は初期から晩年にかけて常に現れた。住宅以外でも初期の「秋ノ宮村役場」（1951年）、「松井田町役場」（1956年）、「浅草善照寺」（1958年）が印象的だが、晩年になっても建物全体との関係は異なるが「懐霄館」（1975年）や「桂花の舎」（1984年）に現れている。建築を支える構造と空間を構成する構造との二元的な表現も全期を通して認められるものだろう。間仕切を使わずに床のレベルや天井の高さ

の変化や袖壁で空間を分ける手法も一貫して認められる。視線をさえぎらずに動線を変えるガラスやボールチェーンを含めガイディングウォールがしばしば用いられ、かれが人の移動する経験において空間を捉えていたことが知られる。数寄屋的な意匠を退け書院建築から学んだと語っている創造的な和風も合理性と緻密なバランスを追求した中期までの木造建築群を経て「呉羽の舎」（1965年）、「親和銀行影熙亭」（[1967年] 解体されて存在しない。）を頂点として展開する。

　一方、中期までの白井には機会があったとしても〈塔の建築〉は生まれなかっただろう。また後期の作品、とりわけ一連の親和銀行（本店ばかりでなく東京三原橋支店 [1963年]、長崎大波止支店 [1962年] を含め）のように石の表情とディテールをさまざまに変えながら建築の質に昇華させる力量も熟していない。「松濤美術館」「石水館」を含め後期の白井の建築表現を特徴づけているのはやはり石を素材とした建築群である。「原爆堂計画」を経て円は次第に使われることが少なくなり楕円が多くなった。「ノアビル」はいわば楕円の塔であり、計画に終わった京都ホテル（1976年）も楕円のプランで設計されていた。

Ⅳ 二つの原爆堂

　クライアントも出資者も敷地も前提されていない建築家自身が提案した単なる計画案であるにもかかわらず、白井晟一の代表作の一つに数えあげられ続けてきた不可思議な事例ともいえる「原爆堂計画」について少し触れておかなければならない。1954年の3月にビキニ環礁で行われたアメリカの水爆実験によって日本の漁船「第五福竜丸」が被曝し、乗組員全員が急性放射能症を発症し無線長が半年後に亡くなる事件が起きた。第二次世界大戦の終結間近、広島と長崎に原爆が投下され、おびただしい数の市民が被爆し凄惨

な犠牲になってからも、そのような無差別大量殺人兵器の廃止には向かわずに、むしろ威力をさらに高める開発が進められ、東西冷戦下、米英ソの核実験が繰り返されていたなかで起こった。この事件のあと間もなく「原爆堂計画」は着手され、翌年（1955年）の4月、丸木・赤松画伯が被爆の凄惨を描いた「原爆の図」の美術館計画に提案する形で新聞と雑誌に発表され、当時は建築界だけでなく一般にも広く知られることになった。核兵器を放棄する国際的な協定を求めてバートランド・ラッセルとアインシュタインを中心にパグウォッシュ会議を招請する宣言が発せられたのは同じ年の8月だった。「原爆堂計画」は「原爆の図」の美術館としては間もなく不調に終わり、すでに発表の4か月後には独立した形で英文のパンフレット『TEMPLE ATOMIC CATASTROPHES』が作成される。BOMBが消えCATASTROPHEが複数表現されたタイトルからも分かるように、原爆のもたらした凄惨な歴史的経験から原爆の背後にある「核」を問題として、それによって引き起こされるさまざまなカタストロフと向き合おうとするプロジェクトだった。計画は実現されることなく今日に至っているが、このプロジェクトを中心に据えた「白井晟一展」が開かれているさなか、福島の第一原子力発電所の事故が起こりあらためて注目されることになった。2018年には「原爆堂計画」だけにしぼった展覧会が開かれ原爆堂のCG動画が製作公開され（p.188）、原爆堂をテーマにした『白井晟一の原爆堂』（晶文社）も出版されている。

H.アーレントやG.アンダースの指摘を待つまでもなく、人類が開発した「核」の問題は近代世界を象徴する切実な問題として意識されることになった。近代のかかえたさまざまの歪みや不足の問題を宙吊りにしたままの進化論的、楽観主義的なイデオロギーやモダニズムに同調することの出来なかった白井が、一人の建築家として近代の背負った核の問題と向き合おうとした建築のプロジェクトが「原爆堂計画」だった。この「原爆堂」がSFチックに見えるという評論がある。たしかに宇宙の彼方から飛来して地球に着水した物体にも見える。あるいは「ノアビル」がキューブリックのSFで宇宙の果てに突然出現した漆黒の壁モノリスを連想するというものもある。いずれにしても白井の設計した建築でこの二つのように幾何学的な形態の露出したものは異例だった。

「原爆堂」の設計が進められていたとき腹案を示すもう一つの簡単な模型の作られていたことが知られている。それは四角い立体の上に円筒を載せたものだった。親和銀行本店の建築では大きなキャンティレバーを持つ、黒と白の石が合体するマッシヴなI期に対してII期は石の基壇にメタリックな上屋を載せて、連続しない異質な建築として組み合わせられた。しかしこのII期の建築は採用されなかった「もう一つの原爆堂」を祖型とする造形を示している。言ってみればかれは「原爆堂」の設計に臨んで勘案した二つのタイプの原爆堂を並べて見せたのである。この4年後に設計に着手した「ノアビル」は、さらに「もう一つの原爆堂」に近づいていく。そこでは幾何学的な四角い基壇は不定形の割肌レンガのマッスに変わり、円筒は楕円の塔に変わった。「もう一つの原爆堂」―「親和銀行本店II期の建築」―「ノアビル」を結ぶ一本の線はかれの建築作品の継続するものと変化していくものを端的に示している。円から楕円への変化は、一つの中心で完結する円に対して楕円はその中心が分裂して焦点の隔たりに応じてさまざまの楕円に変動する図形であることと無関係ではなかっただろう。採用、不採用の「二つの原爆堂」は円と正方形の一体化という点では一

致していた。しかしそのような合体の前提になる弁証法的な思考は晩年の白井からは遠のき、「ノアビル」と「懐霄館」では異質なものの複合に一体性を獲得するという困難な設計を試みることになる。それは単一の規範やイデオロギーに収束させようとする時代がアクチュアリティーを失って、異質なものの多元的な一体性を必要とする時代への世界の変容にも呼応するものだった。

　バベルの塔は天空に憧れ神と対峙する人間の業を示した。キリスト教会の塔は教会の権威を象徴し鐘の音とともに町の中心であることを誇示した。仏教の塔はもともとは仏舎利─仏陀の遺骨を納める場所でありその寺院の正統性を示そうとするものだった。あるいは市民社会の発展とともに市庁舎や組合の建物にも塔が設けられ、町のどこからでもその存在と位置を知ることが出来る道標の役割を果たすとともに、市民の共有感覚や公共意識を育てる働きをした。白井が好きな建築の一つに挙げていたエストベリのストックホルム市庁舎も〈塔の建築〉である。
　M.R.アレクサンダーが指摘したように古典ギリシャに塔は生まれなかった。「いっさいの法外なもの、過度なもの」を忌避し「秩序と法則のイデー、全体の有機的構成」に徹する古典ギリシャの美意識と、「自己を超克し、限界を破り、有機的均衡を変化させて」「無限の空間と結合しようとする」塔は、相容れないばかりでなく「たがいに排除し合うもの[6]」だとしている。白井の中期までの建築は明らかに古典ギリシャ的な均衡と調和と抑制の美意識に共鳴するものだった。「原爆堂」にもそれは認められるが、大きなキャンティレバーはその均衡と調和と抑制に挑戦するものでもあった。今にもくずれそうなバランスを支えるギリギリのテンションが意図されている。それは原爆と核を手にしてしまった

近代と向き合うプロジェクトであったことと無関係ではなかっただろう。いずれにしてもこの「原爆堂」を契機として、円から楕円へ、調和と均衡から異質なものの複合的な一体性へと展開し、そこから二つの〈塔の建築〉が生まれたのである。

註
1　白井晟一「ノアビルを語る」『白井晟一全集』　初出『日本サイン・デザイン年鑑　1975』グラフィック社
2　同上「建築は誰のものか」『無窓』筑摩書房、1979年　晶文社、2010年　『白井晟一全集』同朋舎、1988年では初出誌の形で再録
3　同上「あとがき」『懐霄館』中央公論社、1980年　全集に再録
4　同上「めし」前掲註2と同
5　同上「豆腐」前掲註2と同
6　M.R.アレクサンダー『塔の思想』池井望訳、河出書房新社、1972年

美術館とはいかなる建物だったのか（鯨に呑み込まれたヨナのように考えてみる）

武蔵野美術大学客員教授、東京大学大学院総合文化研究科客員教授　岡﨑乾二郎

1

　かつて建築の寿命は人の寿命よりもはるかに長かった。現代の技術はさらに建築の耐久性を強固にし、いままでになく長い寿命が可能になったようにも語られる。物理的、技術的可能性としては確かにそうもいえるだろう。しかしながら実際のところは現在の建築の寿命はかつてよりも、はるかに短かい。現在の建築は目まぐるしいサイクルで解体され、建て替えられていく。建築が解体されるのは、経済的事情を含めて、その働きが現代の社会状況に対応できなくなったからであり、いいかえれば建築を使う人の都合に対応しなくなったからだ。つまり建築を使用する人間に従うかぎり、建築の寿命は（それを使う）人間の寿命よりも短いことになる。人の寿命は確かに延びた。が反対に建築の寿命は短縮された。なぜ、そうなったのか。人の暮らし方、生活スタイル、仕事すなわち社会システムが安定しなくなったからである。不安定化はますます進行していくに違いない。（余談を付け加えれば、建築が早いサイクルで建て替えられることが当然とされるならば、〈多少の欠陥がある建物もそれほどの問題はない、建て替えれば済む、むしろそのほうが経済全体としては優位である〉という考えも生まれよう。バブル経済と呼ばれた時期に、ある巨大な欠陥建築が問題になったとき、「欠陥など気にすることはない、どうせすぐ建て替えられるのだから」。こう答えた建築家がいた。建築でトライアンドエラーができる時代になったのだというわけだ。こうして建築の耐用性はますます落ちていく。）

　こうして人間社会を成立させる条件が変化しつづけ、そのさまざまなニーズの変化に建築が追いついていこうとするかぎり建築は不安定になり、ゆえに建築が時代に適応できないという欠陥は増えていく。しかし、人の必要、欲求に合わせるのが建築ではなく、不安定な人間の暮らしを安定させるのが、本来、建築の役割だったとすればどうか？ 人間本位ではなく、建築本位で考えるならばどうだろう？ つまり人間の暮らしの方法を整え、安定させるための規範として建築を考えるならば？

　建築こそが人の生活、ひいては人の精神を安定させる仕掛け、規範となるというテーゼは、しかしながら建築をただ尊大、傲岸な存在に扱うことを主張しているだけにも聞こえる。建築がただ掲示板に貼り出された御触書のようなもの、あるいは単なる不動のオブジェ（つまりはモニュメント）であるならば、そうなるだろう。無用のオブジェ、命令であるだけの文言が権威であるのは、人々が意味も確かめず、それに従うからにすぎない。つまり、人々をそれに従わせている仕組みは、その文言、モニュメントの外にある。いわば政治的機構が次々と変化し不安定であるから、モニュメントは持続せず、すぐ崩壊していくのだった。今日、多数の人々を集め、人々の気持ちを一つにする仕掛け、あるいはその多数の人々が集まるものに人々がなびき、従うだろうという当て込みや図式はもはや機能しなくなり、事態がますます流動的になってきていることは、すでに近年（特にここ2年）、多くの人が目撃していることである。

　しかし建築はこのように覚束ない人々の要望に従うほかないわけではない、といって建築が人々を従わせる権威＝無用のモニュメントになるわけでもない。そうではなく建築は、人々がいったい自分たちが何を求めているのか、自分たちが正しいと考えるものは何なのか、を知るための道具、ものさし、器官となりうると考えてみるならば、どうだろうか。たとえば建築に屋根があるのは、雨が降っていないときでもいつか雨が降るときがあるということを人々が自覚するためである、と考えてみる。井戸の底に水があるのをみれば、人は雨がいつか地面に入って、浄化されていくのを見ることにもなる。つ

まり建築の中に住むだけで、人は地球の中を水が循環しているのを知ることにもなる。水はその人の体内にも取り入れられ、血液となって流れてもいて、取り入れられた水、血はやがて代謝され排泄され、また地球の大きな水の循環に連なっていく。建築は人に水を供給し、また人から排泄された水を建築は受け入れ、建築の外の水の流れに結びつけてもいる。水の流れだけではない、光も空気（風）も、そして植物、動物、事物の交換も、建築は交換、交流を可能にする回路の束である。人は建築を通して、こうした無数のさまざまなものの交換そして交感を知る。それは人の身体器官の能力を拡張する感覚器官でもあり、実際に地球の動き、時間の流れから気象の変化までを人は建築を通して知り、それと連なって行動することを学ぶことすらできるのである。

2

白井晟一の建築の核心にある、ビルディングタイプはなんだろうか？　彼の仕事歴を辿っていけば、まずは住居であり、つぎに美術館であるのではないか、と思い浮かべる人は多いだろう。住宅は自邸も含め、多くの名作が知られている。彼の仕事を決定づけたと認知もされている原爆堂（Temple Atomic Catastrophes）計画は、そもそも美術館でもあった。が、実際には白井自身が言っているように、彼の仕事には銀行やテナントビルや役場など、世俗的な役割を持つ建築が多く含まれる。にしても白井の建築の核心にあるのが美術館であり、住居であると思えるのは、その白井の世俗建築が通常、期待されるその役割を大幅にはみ出していると思えるからである。

そしてそもそも、白井晟一の住宅も通常の住居ではない。美術館もまた通常の美術館ではない。白井晟一の初期の自邸にはトイレがなかったことが知ら

れている。そこに住む家族は、排泄されたものを外部に自ら運びだしていく必要があった。あるいは後期の自邸、虚白庵は（白井の寝室には窓がまったくなく）窓がないとも噂された。光は居住する白井自身が自ら外（中庭）に出ていって浴びるか、あるいは真っ暗な部屋の中での瞑想の中で自らの内に輝かせる必要があったのである。住む人は能動的に光や水を得るための行為を行う必要があった。一方で芹沢銈介美術館などの美術館では、美術館の展示室の内部に噴水が組み込まれて設計されていたり、あるいは松濤美術館のように、さらに展示空間の中に軽食も提供する喫茶室が設けられていたりした。展示空間に水、生もの、まして食事を持ち込むことは現在の美術館において完全なる違反行為であることはいうまでもない。

つまり住宅ではトイレが外に追い出され、美術館では反対に外部に置かれるべき水や飲食が建築の中心に取り込まれている。なぜ白井の建築は、このような違反——通常の規範の侵害をあえて行わなければならなかったのか？　建築の違反とは一言で言えば、建築の規範の外を認識する契機である。いわば人は自明と受け取られていた建築の成り立ちに触れ、関わることになる。いいかえれば、この建築を使う人々にとって、建築は建築の外を知るための装置、器官ともなりうるということである。たとえば白井の建築はまるで潜水艦のように設計されているともいえよう。潜水艦は空間として閉じているように感じられるが、実際はゆえに（その中で活動する人々にとって）その全体が海を泳ぐ、鯨の身体同様に感覚器官となって、外部の水を鯨のように取り入れ排泄し、呼吸をし、身体の外を取り囲む音や光、温度、海流のスピードさまざまな微細な情報の移りゆきをもれなく捉え、その全身で感じ取り、海のすべて、地球のすべてと交流している（しなければ生き延び

られない)。鯨の身体は、海水の中で閉じることなく、むしろ自らを積極的に海水の中に解体し、解放し、海水と終わることなく交流し、代謝しつづけることによって生きる。鯨の身体（の全体）はむしろ海のすべてであって、その一つの体としての海の感覚器官が鯨なのだ。

　いずれにせよ住宅、美術館、そしてこれら通常ではまったく別のビルディングタイプ（建築の類型）として考えられている二つの型は白井建築では重なり合っている。その重なり合うところを示す、ビルディングタイプを一つで示そうとすれば宗教建築となろうが、としてもこの宗教建築は住居や仕事場などの世俗的な暮らし、営為を必ず含んでいるところの宗教建築でなくてはならない。ここで話は循環する。いやこの循環、すべての建築の類型をその核心で結びつけている、この循環する回路こそが、白井建築の核心にある建築の原型だろう。一言でいえば〈建築とは用〉である。そしてその用＝行為が実行され、持続されつづけなければ、建築は崩壊する。その意味で白井の建築とは有機体である。白井の言葉を借りれば、豆腐のような有機体である。物質的に不安定で放っておけば崩壊するほかない豆腐の形態が保たれるためには、それを保つために手をかける人々の行為の持続、その方途、作法が必要となる。豆腐の美しさとはこの過程にこそある。「豆腐も人間との適応との関係においてのみ、豆腐たり得る。」、「人間はここで豆腐の形や、色や、物理的性質を併呑することとなるが、また豆腐の生命たる『用』の中に人間が併呑されることでもある」、原爆堂計画を作成中の時期に白井が書いた有名な随筆「豆腐」から抜き出した一節である。知られているように、この随筆で白井は豆腐の一見、幾何学的にだけ見える、ピュアな美しさが幾何形態として自律し、永続した客体でも理念でもなく、人々がそれを

保とうとする営為、技術と豆腐を構成する物質との協働、アマルガムとしてだけ実現していると論じている。一方、原爆堂に寄せた随筆において、白井は原爆堂が「悲劇のメモリーを定着する譬喩としてではなく、永続的な共存期待の象徴」として構想されていると告白してもいた。つまり原爆堂とはたんに悲劇を追悼し記憶するための固定されたモニュメントであってはならない。重要なのは共存という言葉に込められた含意にある。原爆堂は、人間が手に入れてしまった（もはやそれが生み出した放射物質はじめとする不可逆的に消去不可能な生産物とともに）永遠に不安定で危険でありつづけるほかない原子力と、いかに安定的につきあいつづけることができるか、という不可能にも感じられる賭けが重ねられた計画だった。すなわち、この計画には原子力に対して、注意深く、決して怠ってはいけない管理のための人類の日々の営為＝用が永遠に持続できるかどうか、が賭けられている。それこそが原爆堂という建築を実現でき、また持続できるかどうか、の運命に重ねられていたのである。

3

　白井晟一の原爆堂は、美術館として扱うにはあまりに特殊な例に感じられるだろう。では、そもそも美術館はどのような場所であるのか？　現在、わたしたちが普通に抱いている美術館のイメージは美術館の本来の姿であるといえるのか？　現在の多くの人々が思い浮かべるのは、ニュートラルな白い壁で囲まれた部屋が連続し、そこで多くの人を集める話題性ある企画展が次々と開催されては入れ替わっていく、このような美術館だろう。美術館とはまず展示の場所であり、企画を次々、交替し行うためにニュートラルな白い空間が適切であるとみなされる。美術館の目的は、たくさんの人を集め、話題に

なる時宜に適った展覧会を行うことであり、端的に、現在、生きている人たちの多数に饗応する施設が美術館だとみなされている。

美術館という同じ空間に現在を生きる多くの人が集まり、同じ時間に同じ文化を一緒に享受する。大事なのは現在生きる人々が同じ時間、同じ空間、同じ文化を共有することである、と。

けれど、美術館とは本来、むしろ現在には属さない（つまり現在作られたものではない）古今東西の美術作品と人が出会う場所だった。出会うのは現在、ここという限定された場所や時間よりも、はるかに広がりを持って生産されてきた作品である、言葉を広げて言えば、美術館で（作品を通して）出会うのは、もはやこの世界にはいない作家たちであり、その作家たちが暮らした遠く離れた場所、遠く離れた時代の文化であった。美術館とは現在の人々が集い、出会う場所である前に、現在という特定の場所を超えて、この地上に存在した（あるいは、きっといるだろう）文化、先人と出会う場所だったはずである。図書館で書物を読むことによって、現在会うことのできない過去の人々と語り合い、一緒に考えることができるように、美術館の主要な機能は、現在という時間、空間の限界を超えること、もっと広い時間、空間の広がりに自分たちの精神そして身体を（その限定した在り方を解体し）解放することにあった。

現在わたしたちが知る美術館が存在する前から、つまり美術館がなくても（いうまでもなく）人々は（現在、美術館がコレクションしている）美術作品と出会ってきた。いわば人々は貧富の差を超えて、その暮らしの中で日常の事物として芸術に触れてきた。もちろん日常のルーティンを超え、労力と贅を尽くし際立った美術品に出会うことができる場所（具体的には建築）は、教会や寺のような宗教的な施設であったり、地位のある富裕な人々の邸宅に限られていたか

もしれない。しかし、このような芸術に貧しい人が必ずしも出会うことができなかったわけではない。教会や寺にある美術品はむしろこうした（多くは文字を読むこともできなかった）貧しい人々にこそ提供されているものだったし、富裕な人々は権力や権威を誇示するという目的があったにせよ、むしろ貧しいが向学心のある人々、とくに青少年をその施設に招き、ときには彼らを援助し、芸術家に育てたりもしたのである。

美術館とは　現在の人々を超えた過去の人々の仕事を知り、受け継ぐための施設である。現在、生きる人々が集うだけではなく、むしろ現在は容易に会うことができない人々とこそ交流し、その精神的営為を共有し、そして受け継ぐ。それを可能にする場所が本来、美術館だった。数百年、数千年以前からの文化に現在のわれわれが触れることができるのは、過去の人々つまり死者の残した仕事を通して死者と会話し、その仕事を受け継ぎ、自分の生として蘇らせる場所——本来的な意味での美術館の働きをする場所——が（現在の美術館など存在する前から）常にあったからである。その意味で現在の生者のみが所属する社会（公共空間）よりも、本来、美術館で可能になる社会（公共空間）ははるかに大きな広がりを持つ。その可能な場所に所属する人々はいま目の前に見える人々よりはるかに多く、その繋がりは、過去から未来へ向かって広大である。

4

確かに松濤美術館は現在の多くの人々が持つ美術館のイメージから見ると異質だろう。白井の設計意図の中心に、人々が集い、一緒に働く、文化を生産する場所を作ることがあったことは彼が著したエッセイからも知ることができる。が、白井はモダンな美術館イメージに曇らされることはなかった。だか

ら、もちろんそこで文化は古今東西の芸術作品に囲まれた空間の中で、つまり、それらの作品を作り出してきた先人たちの眼差しの中で、その先人たちと語り合いながら、一緒に生産されるものでなければならない。文化はこうして継承されていく。芸術に興味を抱き、語りあい、一緒に考え、議論し、何かを作っていく志をもつ人たちは誰でも招き入れられる場所でなければならない。こうして現在の人々が招き入れられるのは、先人たちが用意した、まさに芸術の応接間である。かつて芸術に憧れる青年たち、あるいは労働者、老人たちを、篤志家が芸術作品に囲まれた大広間に招き入れ、食事を共にしながら、芸術談義を交わし、技を伝え、文化を伝えていったように。その意味で松濤美術館の最大の特徴であった、あの大胆にも展示室の真ん中に設けられた喫茶スペース（サロン・ミューゼ）の役割は重要だったと言わなければならない。

松濤美術館のプランが、原爆堂にあった構造を一つの塊に重ねあわせ圧縮したものであることは明瞭であろう。原爆堂の導線の構造的中心にあった、池の下を通る通路（地下道）、そして池（水）に囲まれて屹立する直方体の展示室、この直方体を貫通する円筒の階段室は、そのまま松濤美術館の中心に刳り抜かれた円筒の（地の底には池―噴水を湛え、空に抜けた外部空間であるところの）吹き抜けに重ねられている。その建物の中心に組み込まれた外部＝異界に橋が渡されている。異界を通り抜け展示室に導かれるのは原爆堂と同じである。水の中に位置づけられた原爆堂は周囲の環境から隔絶した別空間＝異界として構成されていたが、松濤美術館ではその外部＝異界が建物の中心を貫いている。松濤美術館と原爆堂は内部と外部が反転しているようにも思える。正確にいえば松濤美術館の方が位相空間的にははるかに複雑であるともいえよう。中心に埋め込まれているのは、い

わば（この小文冒頭に述べた）外部の世界の変化を直に感じる器官である。Google Earthのようなものを使って、上空から見れば明らかであるけれど、耳や鼻や目のような感覚器官であり、また口から肛門までつながる消化器官にさえ感じられる。大雨が降る日にこの美術館を訪れれば、誰もがそれを体感できるだろう。すなわち、建物全体が宇宙のすべてを飲み込み（通底し）、感じとる器官となっている。

が、繰り返せば、ここで大事なのは空間的な意匠ではない。以上のような、この建築の空間的特性は、この建物に埋め込まれていたプログラムによってこそ、その働きを明晰に理解されるだろう。その営みを代表的に示すのが2階のサロン・ミューゼであり、地下の二つの制作室とホールであった。過去の人々と語り合い、未来へ繋ぐ、時間を超えて持続的に展開されていくだろう協働作業。この建物の使命は今後もきっと持続されていくはずの、この営みに関わる人々の感覚を鋭敏に研ぎ澄まさせ、その行為を統御することを支援し、積極的に顕在化させるための器官となることだったのだから。

誰もがこの世界の未来への継続性に不安をもつ現在、松濤美術館の建物が持つ意味は大きい。白井晟一の多くの建築と共通して、この建築はノアの方舟のように構築されている。いやヨナを呑みこんだ鯨に喩えたほうがいい。大きく開いた鯨の口のようなファサードから内部に入った観客は空に抜け、水を吹きあげる空洞を抜け、大きな胃袋のような展示室に入る、見返すと光の壁の向こうに天を渡る橋が見える。

註
この小文で述べた白井晟一建築の独特の性格が、白井の多くの世俗建築（一連の親和銀行やノアビルに明らかであるが）にも共有されていることなど、白井晟一の一連の建築についての詳細な分析は、拙著『抽象の力』（亜紀書房）収録の「白井晟一という問題群」を参照されたい。

建築家となるまで

Preface —— The Road to Becoming an Architect

白井晟一は1905年2月に京都に生まれた。戸籍上の本名は「成一」で、7歳年上の姉の清子、また弟の隆吉がいる。白井家は代々、銅を商う豪商であったが、すでに家業は斜陽となっており、複雑な家庭環境のなか父は早く没した。このため少年期から青年期にかけての白井は、姉の結婚によって約20歳年長の義兄となった著名な日本画家、近藤浩一路（1884～1962年）のもとに身を寄せ、多くの画家や文学者が出入りし、度々転居をくりかえした賑やかな近藤邸に同居しながら成長していくことになった。

青山学院中等部を卒業後、第一高等学校を受験するが失敗し、1924年19歳で京都高等工芸学校（現・京都工芸繊維大学）図案科に入学した。白井がいつから建築に興味を抱くようになったかは未解明な部分が多い。後年になって語るには、学校になじめず、むしろ英語講師として来ていた戸坂潤や、隣接する京都帝国大学で美学美術史学の講座をもっていた深田康算らに兄事し、哲学に傾倒していったとのことである。しかし一方で、白井の在学当時の図案科の担当教授は、東京帝国大学の建築学科を卒業しドイツ留学経験のある建築家・本野精吾であり、前任者も建築家・武田五一であったという事実も見逃せない。当時の図案科のカリキュラムには「建築装飾」などもあり、この時代の教育がのちに白井が建築家となる素地を培った可能性はある。

白井は1928年に京都高等工芸学校を卒業すると、深田の勧めもあり、同年にドイツのハイデルベルク大学に留学する。入学願書に記された第一希望の専攻は哲学科美術史であった。約4年間におよぶ留学生活は、同大の美術史学教授アウグスト・グリーゼバッハらの講義で学んだゴシック建築などの西洋建築の知識や、義兄・近藤の展覧会開催の手伝いのために訪れたフランス、パリにおける作家の林芙美子らの文化人たちとの出会いなど、様々な刺激をもたらした。やがてベルリン大学に移った白井は、左派の新聞『伯林週報』の編集に携わるなど、社会主義的な思想への関心を深め、中央公論社特派員として同地にいた香川重信に誘われソビエト社会主義共和国連邦の首都モスクワを訪れたこともあったという。1933年はじめ、シベリア経緯で日本に帰国するが、この滞欧期に得た経験と人的ネットワークは、白井がのちに建築家の道に進むとき、重要な核心となっていった。

Shirai Seiichi was born in Kyoto in February of 1905. His name as it appeared on the family register was written with a different kanji for "Sei." In addition to a sister, Kiyoko, who was seven years older than him, he had a younger brother named Ryukichi. The Shirai family had worked as copper merchants for many generations, but by the time Shirai was born the business had fallen into decline, and his father died prematurely in the midst of an already complicated domestic environment. As a result, Shirai spent his childhood and adolescence with his sister and her husband, the eminent *Nihonga* (Japanese-style) painter Kondo Koichiro (1884–1962), was roughly 20 years older than Shirai. He grew up living rent-free in the vibrant Kondo household, which was frequented by many painters and writers, and the family often moved from one place to another.

After graduating from Aoyama Gakuin Junior High School, Shirai took but failed the First Higher School entrance exam. In 1924, at the age of 19, he enrolled in the design department at the Kyoto Craft High School (now the Kyoto Institute of Technology). It remains unclear exactly how Shirai came to take an interest in architecture. In later years, he recalled how, unable to adjust to the school, he developed a brotherly relationship with people like Tosaka Jun, who worked as an English teacher there, and Fukada Yasukazu, who taught aesthetics and art history at Kyoto University, located next to Kyoto Craft High School, and devoted himself to philosophy. At the same time, it is important to note that the head of the design department at the school was the architect Motono Seigo, who had graduated from the architecture school at the University of Tokyo and studied abroad in Germany, and that his predecessor was the architect Takeda Goichi. The curriculum at the design department included "architectural decoration," suggesting that the education Shirai received during this period may have laid the groundwork for his eventual decision to become an architect.

After graduating from Kyoto Craft High School in 1928, Shirai went to study at Heidelberg University in Germany due in part to a recommendation from Fukada. On his application form, he listed art history (part of the philosophy department) for his first choice of major. During his approximately four years abroad, Shirai studied with August Grisebach, a professor of art history at the school, and developed a knowledge of Gothic and other styles of Western architecture. He also enjoyed a variety of stimulation such as meeting literary figures like Hayashi Fumiko in Paris, where Shirai had gone to help prepare an exhibition by his brother-in-law Kondo Koichiro. After transferring to the Humboldt University of Berlin, Shirai grew increasingly interested in socialist ideology, leading him to becoming involved in, among other things, editing the left-wing newspaper *Berlin shuho* (Berlin Weekly), a Japanese-language periodical. He also apparently visited the Soviet capital of Moscow on the invitation of Kagawa Shigenobu, who had been posted to Berlin as a special correspondent for the publisher Chuokoronsha. In 1933, Shirai returned to Japan via Siberia, but the experiences and network of people he came to know during his time in Europe would prove to be essential when he set out on the road to becoming an architect.

右頁｜「ドイツ留学時代の白井晟一」 1928～32年頃 白井晟一研究所

パリの白井晟一

渋谷区立松濤美術館学芸員　平泉千枝

　白井晟一のドイツ留学中の1931年に、義兄の近藤
浩一路がフランスにやって来た。近藤と同じ「靖国
丸」の三等船室には何とか渡欧費用を捻出した彫刻
家の高田博厚が乗り合わせていた。高田は一等船室
の近藤のことを「弟子の茨木杉風を従えての大名旅
行で、パリで彼の日本画個展を小松清らのすすめで
計画していた。パッシー界隈の豪華なアパルトマン
に、味噌醤油など日本食料一切を持ちこんで、腰を
おろした」と描写している[1]。個展について4月8日付
の『パリ・ソワール』紙は「東洋の偉大な画家近藤
浩一路がパリ訪問」と大きな見出しで報じた。写真も
掲載されたが、羽織袴姿で堂々と座る近藤の背後の2
人の洋装の青年のうち、右が小松清と思われ、左が
パリに手伝いにきていた白井である（fig.1[2]）。小松が
「画家の小松」とされているのに対し、白井は「もう
ひとりの弟子」とあるだけで、名前も記されていない。

　短期間の開催にも関わらず個展には大きな反響が
あり、日本美術に興味を抱くアンドレ・マルローら
がやってきた。これが縁となってマルローは同年
10月に初来日、京都の近藤邸も訪問している。マ
ルローは、翌1932年6月に文芸雑誌『新フランス評
論（N.R.F.）』社のギャラリーで、近藤の個展を開催
した[3]。白井は再度パリに行き、同じく手伝いをし
ていた後の美術評論家・今泉篤男や、当時パリにい
た作家・林芙美子と出会う。林がこの時のことを
『滞欧記』（改造社、1937年）『巴里の日記』（東峰書房、
1947年）などで発表し、前者に「建築をする人」、後
者に「哲学と建築を勉強」しているとされた彼女の
パリでの恋の相手の「S」氏のモデルは誰かと話題
となった[4]。新宿歴史博物館が所蔵する実際の『パ
リ日記』（fig.2）の原本では、この「S」こと「白井
君」は、「学生らしくてさっぱりした人」（4月8日）
とあるだけで、その専門に対する言及はない[5]。
「建築」の記述は、帰国後の白井の様子を林が知

り、加えたものかもしれない。パリでの白井は、何
者かになろうとするまだ何者でもない若者だった。

註
1　高田博厚「分水嶺」『高田博厚著作集2』朝日新聞社、1985年、pp.152
　　〜153、p.189
　　高田博厚関係資料については、柳沢知孝氏よりご提供いただいた。
2　谷内克聡「白井晟一の墓」『白井晟一 精神と空間』展図録、群馬県立
　　近代美術館ほか、2010年、pp.160〜164
3　河内えり子「近藤浩一路 墨との対話」『墨彩の詩人　近藤浩一路』展
　　図録、佐野美術館、2002年、pp.88〜93
4　川添登『建築家・人と作品』井上書院、1968年、pp.98〜99、山田俊
　　幸「建築家白井晟一と林芙美子〜『巴里の日記』のS氏をめぐって〜」
　　『帝塚山学院大学日本文学研究（21）』1990年、pp.94〜104、川添登
　　「白井晟一論ノート2」『近代建築』2007年4月号、pp.26〜30
5　今川英子編『林芙美子 巴里の恋』中央公論新社、2001年、p.120

fig.1 『パリ・ソワール』紙　1931年4月8日（部分）
白井晟一建築研究所（アトリエNo.5）

fig.2 林芙美子『パリ日記』　1932年
新宿区立新宿歴史博物館

ベルリンの白井晟一

渋谷区立松濤美術館学芸員　木原天彦

　1931年9月、パリから戻った白井はハイデルベルク大学からベルリン大学へと籍を移す。当時の日記（fig.1）の一頁に、「新しき仕事を始めんが為には、どうしても伯林に出なければならなかった。一方この大学には既に魅力なく、ヤスパスやリッカートには今では興味を感じない」と書きとめられている。はたして、白井をつき動かした「仕事」とはいったい何だったのか。

　ベルリンにいた約1年間、その後モスクワでの半年間、彼の生活は霧につつまれている。

　日記によく登場する名前は、「市川」と「香川」である。市川清敏（1904〜74年）は当時、ベルリンで「手打ちうどん市川庵」を経営しながらドイツ人に剣道を教えたりしたという自由人で、市川と白井はジャーナリスト・鈴木東民の後をうけ、邦人相手の左翼新聞『伯林週報』の編集を手伝っていたとされる[1]。おそらく、市川の店には故郷の味を求める在独日本人のグループが入り浸っていたのだろう。もうひとりの香川重信（1905年〜没年不詳）は中央公論社のソヴィエト特派員として共産主義陣営の動向を日本へリポートしていた。たまたま恩師の中川一雄に会うためベルリンを訪れ、そこに居合わせた白井晟一と意気投合、ソ連共産党への入党を誘ったことが白井のモスクワ行きにつながっていく[2]。

　1932年1月の日記には、とりわけ3人で過ごす日々の描写が密である。日本料理屋でそろって食事を取ることが多かったようだが、時折「うんとつめる」（4日）、「深夜まで話す」（9日）と書かれているから、政治思想についても話が及んでいたことが容易に想像できる。

　1933年初め、モスクワからウラジオストック経由で敦賀に至る。帰国した白井は、東京山谷の労働者街で孤児を集めて世話をし、翌年には千葉県の清澄山で弟・隆吉や仲間たちと「大投山房」という山小屋を建て、新しき村と禅の道場を兼ねたような共同生活をはじめたとされている[3]。

　さて、ベルリンでの「新しき仕事」とは何だったのであろうか。1932年1月、3人の様子が記された日記の頁（fig.2）に、「香川、明日…へ発つこと決三人にて仕事のこと相談…大投を営むことの話」とある。ベルリンでの会合で既に、後の「大投山房」につながるアイデアが出されていたのである。とすれば、この「仕事」とは若き白井が思い描いた社会変革への夢であると同時に、「大投」のかなたに見え隠れする、「建築」への意思を予感させるものではないだろうか。

註
1　谷内克聡「白井晟一の墓」『白井晟一 精神と空間』展図録、群馬県立近代美術館ほか、2010年、p.163
2　川添登「白井晟一論ノート2」『近代建築』2007年4月号、p.28
3　『建築文化』1985年2月号、彰国社、p.143

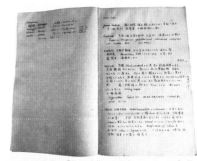

fig.1　白井晟一『留学時代の日記』　1928〜32年頃
白井晟一建築研究所（アトリエ No.5）

fig.2　白井晟一『留学時代の日記』より、「大投を営むことの話」

戦前期

渡欧をへて独学で建築家へ

Chapter 1 —— The Prewar Era – Shirai Teaches Himself to be an Architect

　昭和のはじめ、白井の義兄・近藤浩一路夫妻は子どもたちを東京の自由学園に通わせており、新たに開発された近隣の住宅地「南沢学園町」に自宅兼アトリエを新築することにした。設計は当初、建築家・平尾敏也に依頼し、近藤の代わりに白井が建築に関する決定をとりしきることとなった。1936年に完成したこの《近藤浩一路邸》（のちの持ち主の名前により《河村邸》と通称される）は、平尾に「これは私の建てた家ではなく白井氏の建てた家」と言わしめるに至り、実質的に白井晟一の最初の建築作品となった。白井は京都高等工芸学校やドイツ留学時代に多少は建築に関する知識は得ていても、建築学科で学んだことはなく、このころ木造の参考書や、分離派建築会の一員でもあった建築家・堀口捨己などの本を読み、独学を重ねたという。松林に建つ近藤邸は、木材と漆喰による西洋のハーフティンバー様式に日本瓦の屋根の外観が強い印象を与え、早くも『婦人之友』（1936年6月号）などの雑誌で取り上げられた。同号に掲載された谷口吉郎のモダニズム風な自邸と比しても異彩を放つ建築であった。

　やがて白井のもとには、設計の依頼が舞い込むようになり、伊豆の温泉「白石館」の離れである《歓帰荘》（1935～37年）、中央公論社社長の嶋中雄作の軽井沢の別荘《嶋中山荘》（1941年）、嶋中の友人の評論家・清沢冽の《清沢洌山荘》（1941年）などを手がける。これらは義兄・近藤のもつ文化人の人脈からもたらされる依頼であることが多く、近藤自身も次なる東京の自邸（1938年）や山梨県の別荘《山中山荘》（1939年）の設計を再び白井に委ねた。このうち、最初の近藤邸と同じハーフティンバー様式を採用した《歓帰荘》、白壁に茅葺の屋根をいただき「浮城の如し」と称された《嶋中山荘》、白い板張りの壁にグリーンの窓枠が爽やかな印象を与えた《清沢洌山荘》などは洋風建築に分類されるが、2軒目の近藤邸は外観、室内ともに数寄屋風の日本建築で、庭の竹林もあいまって「雀のお宿」と呼ばれたという。これらは初期から白井が有していた建築上のスタイルのヴァリエーションの豊かさを物語っている。

In the 1930s, Shirai's sister and her husband Kondo Koichiro decided to send their child to the Jiyu Gakuen school in Tokyo, and build a new house-cum-studio in nearby Minamizawa Gakuen-cho, a newly developed residential neighborhood. Initially, they hired the architect Hirao Toshiya to oversee the design of the structure, but instead of Kondo, Shirai was put in charge of the project. The Kondo Koichiro Residence (later the Kawamura Residence – named for the subsequent owner) was completed in 1936. As suggested by Hirao's comment that "this house wasn't built by me, it was built by Shirai," the building was essentially Shirai's first architectural work. Despite having accumulated a certain amount of knowledge about architecture while at Kyoto Craft High School and in Germany, Shirai taught himself by reading reference materials on wooden construction of the period, and books by people such as the architect Horiguchi Sutemi, who was a member of the Bunriha Kenchikukai (Secessionist Architecture Group). The exterior of the Kondo house, surrounded by a pine forest, created a strong impression with its combination of a Western half-timber style, made with wood and plaster, and a Japanese ceramic-tile roof, quickly leading the work to be introduced in magazines such as *Fujin no tomo* (Women's Friend, June 1936). Even when compared to the modern-style house by Taniguchi Yoshiro that also appears in the same issue, Shirai's architecture cuts a conspicuous figure.

In time, design commissions began fluttering in, and Shirai created works such as Kankiso Villa (1935–37), a detached house near the Shiraishikan inn (in the Izu hot springs area); Shimanaka Villa (Moonflower House) (1941), a villa in Karuizawa made for Shimanaka Yusaku, the president of the Chuokoron publishing company; and the Kiyosawa Kiyoshi Villa (1941) designed for the eponymous figure, a critic and friend of Shimanaka's. Many of these commissions were derived from Kondo Koichiro's network of cultural acquaintances, and Kondo himself also hired Shirai to create a house for him in Tokyo (1938) and the Yamanaka Villa (1939), located in Yamanashi Prefecture. These works included some that might be categorized as Western style, such as Kankiso, which made use of the same half-timber technique that Shirai had employed in the first house he made for Kondo; Shimanaka Villa (Moonflower House), which was referred to as a "floating castle" due to its white walls and thatched roof; and Kiyosawa Kiyoshi Villa which, with its combination of white wooden walls and green window frames, had an air of freshness. Both the exterior and the interior of the second house Shirai made for Kondo were distinguished by their *sukiya*-style Japanese architecture. Coupled with the bamboo forest in the garden, this led the building to be known as the "Sparrow's Inn." These works convey the rich variety of architectural styles that Shirai employed in his work from the very start of his career.

外観 『婦人之友』1936年6月号より転載

河村邸（旧近藤浩一路邸）Kawamura Residence (the former Kondo Koichiro Residence)

1935〜36｜東京、東久留米市（現存せず）Tokyo, Demolished

白井晟一がたずさわった最初の建築作品。白井の義兄の近藤浩一路夫妻の子どもは、羽仁もと子夫妻が創立した自由学園に通っていたが、学園の近隣では郊外型住宅地として「南沢学園町」の開発が進んでいた。この住宅地に、当初は子どもの勉強部屋として「山小屋」をつくる計画が、近藤夫妻や白井自身も同居する自宅兼アトリエへと構想が膨らみ、設計は建築家・平尾敏也に委託された。平尾は銀座で「美貌堂」という英国風工芸品専門店を営むなど、工芸に関して造詣の深い人物だったという。ところが京都にいた近藤夫妻に代わり、東京にいた白井が決定や指示を行ううち、実質的には白井が設計に関して多くを負うところとなったという。完成した邸宅は、アルプス以北の英・独・仏など北ヨーロッパの木造建築の技法であるハーフティンバー様式の構造に日本瓦の屋根がのり、玄関はレンガ積みによるアーチ形となっている。玄関に入ると、ステンドグラスが嵌められた大きな窓や暖炉のある居間、絨毯を敷きベッドを配した寝室に続き、床を一段高くし切り替えを行って日本間が続くという、洋風と和風の要素が接続する家であった。竣工した1936年には羽仁夫妻が創刊した雑誌『婦人之友』（6月号）に大きく取りあげられるが、表題は「南沢の松林に近藤浩一路氏の美しい家」とされ、設計者としての白井の名はまだ無かった。この家に近藤一家が住んだのは短期間であり、その後の所有者の河村敏に因んで「河村邸」と通称されている。

左｜内観　右｜居間の暖炉

近藤浩一路《凌（仲秋）》1936年 山梨県立美術館

※白井が設計に携わり久留米村南沢学園町に建てた自邸を、近藤浩一路は「土筆居」と名付けたとされ、画中に「於土筆居」の記入がある本作は、この新居で描かれた可能性がある

近藤浩一路邸（2軒目）
Kondo Koichiro Residence (No. 2)
1938 ｜ 東京、豊島区（現存せず）
Tokyo, Demolished

義兄の近藤浩一路夫妻が、東京の豊島区
に土地を購入し、再度自邸兼アトリエの
設計を白井に依頼した。近藤は義弟が建
てた自宅兼アトリエはすべて「土筆居（つくしきょ）」
と名付けていたようだ。白井が手がけた
1軒目の近藤邸とはうって変わって数寄
屋風の日本家屋となり、地面に建てた柱
で大きく張り出した庇を支える「土庇（どびさし）」
をめぐらせ、下には敷瓦を張る瀟洒な外
観であった。庭に植えられた竹林もあい
まって、近所では「雀のお宿」と呼ばれ
たという。白井自身も同じ敷地内に自邸
をつくり移り住み、当時の近藤浩一路の
日記を見ると、近藤家と白井の一家、そ
して弟の隆吉の間で密接な交流があった
ことが分かる。近藤は次いで山梨県の別
荘《山中山荘》の設計を白井に依頼した
が、この建物の様相は白井のスケッチな
どでわずかに伝わるだけである。豊島区
の近藤邸は第二次世界大戦の戦火によっ
て焼失したといい、近藤夫妻は疎開して
いた山中山荘で終戦を迎えた。なお、戦
後しばらくは新しい建物の建築に制限が
あり、後に山中山荘を豊島区の土地に移
築しそこに住んだこともあったという。

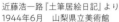

近藤浩一路『土筆居絵日記』より
1944年6月　山梨県立美術館

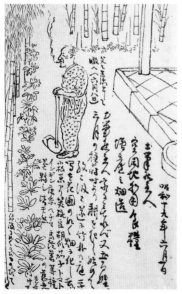

外観：『建築世界』1941年8月号より転載

山中山荘 Yamanaka Villa

1939｜山梨、南都留郡（現存せず） Yamanaka, Demolished

上｜白井晟一《山中山荘スケッチ》 白井晟一研究所
下｜白井晟一《山中山荘平面図》 白井晟一研究所

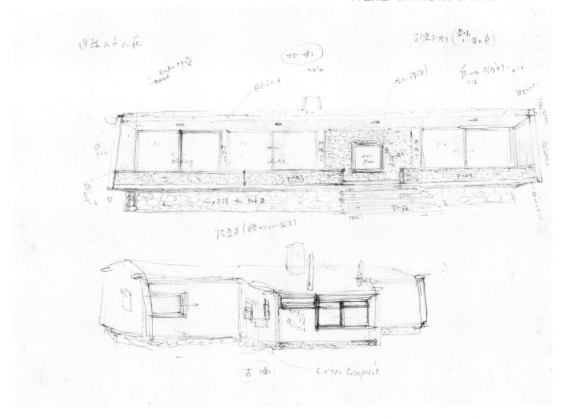

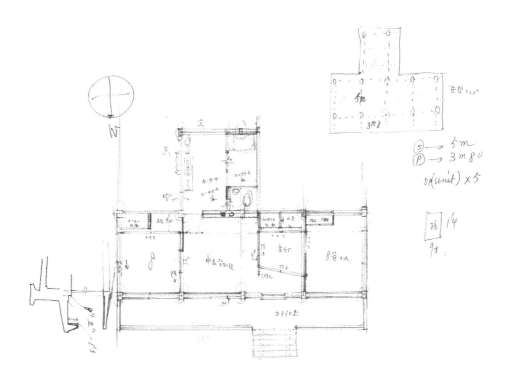

歓帰荘 Kankiso Villa

1935〜37 | 静岡、田方郡伊豆長岡町→長野、南佐久郡（移築、現存）Shizuoka (Moved to Nagano)

第二次世界大戦前の白井晟一の建築のなかで唯一現存する貴重な作例。もともとは伊豆長岡温泉にあった旅館「白石館」の敷地内に、女主人の師岡和賀が自分の住む離れとして設計を依頼したものだったという。白石館は多くの芸術家たちも逗留した旅館で、静岡で少年時代を過ごした白井の義兄の画家・近藤浩一路とも縁があった。歓帰荘には、北方ヨーロッパの木造建築の技法であるハーフティンバー様式が採用され、露出した柱や梁と漆喰の外観、内装のステンドグラスがあしらわれた窓や暖炉など、白井が最初に手がけた《河村邸》と共通する要素を多く持つ。しかし主室であるサロンを2階におき、建物側面の階段から2階の玄関に上り、さらに主室に入るために室内にバルコニーあるいは舞台状の小階段を設けるなど、極めて独自な動線や構造も展開されている。白井自身は「フランス、ドオルドオニュ県にあるモンテエニュの城郭を参考にした」と述べていたという。

写真：外観　白石館絵葉書　個人蔵

写真：内観　白石館絵葉書　個人蔵

写真：白石館パンフレット　個人蔵

写真：2階居間と暖炉（移築前）
撮影：増田彰久

写真：暖炉の反対側、舞台状の室内階段（移築前）
※外階段で2階に上り、ここから居間に入る
撮影：増田彰久

上｜写真：外観
下左｜写真：内観
下右｜写真：嶋中山荘から別棟を眺める

嶋中山荘（夕顔の家）Shimanaka Villa (Moonflower House)

1941｜長野、北佐久郡軽井沢町（現存せず）Nagano, Demolished

中央公論社の社長・嶋中雄作（1887〜1949年）の別荘として軽井沢に建てられた。嶋中は近藤浩一路を通じて白井を知り設計を依頼したというが、白井の設計が気に入ったものと見え、この後東京の自邸（1942年）や熱海の別荘（1947〜48年）の設計も相次いで依頼した。しかし写真等でその姿が分かるのは、現在のところこの山荘だけである。嶋中山荘は白壁の平屋に、屋根面が四方向に傾斜する寄棟屋根を頂くが、この屋根が茅葺であることが特徴となっている。白井が建築を独学したときに、その著

作を参照したという分離派の建築家・堀口捨己にも茅葺屋根の洋館である《紫烟荘》（1926年）といった先行する作例があるが、これは堀口が当時のオランダで目にした新しい田園住宅に影響を受けたものであった。嶋中山荘は夜景に浮かび上がる白壁の景色がことに美しく、嶋中の親友の評論家・清沢洌をしてその著書『暗黒日記』のなかで「浮城の如し」と言わしめ、また「夕顔の家」とも通称される。

清沢洌山荘　Kiyosawa Kiyoshi Villa

1941 | 長野、北佐久郡軽井沢町（現存せず）Nagano, Demolished

評論家の清沢洌（1890～1945年）は、中央公論社社長の嶋中雄作の親友であり、嶋中が軽井沢に広大な別荘地を購入するにあたり、その一部の土地を清沢に譲り、清沢は嶋中の例に倣って、設計を白井晟一に依頼し、自らの別荘を建設したという。長く米国に滞在経験のある清沢は、白井に対し直截な注文をすることも多く、白い板張りの壁、オリーヴグリーンの戸袋や窓枠といった色彩は、白井の建築としては例外的な作例と言える。水田を見下ろす高台に建つ家は、爽やかな色合いもあってか「お伽の国の家のよう」と評された。清沢は必ずしも交通の便が良いとは言えないこの山荘から、各地への講演活動等へ出かけていくこともしばしばだったという。第二次世界大戦中急逝するまでの1942～45年の間、清沢は当時の時代状況を冷静に批判した記録『暗黒日記』を遺したが、緊迫していく時代状況のなかでこうした記録がひそやかに綴られた場所のひとつが、この山荘であったと考えられる。

写真：外観　個人蔵

写真：山荘に集う子どもたち　個人蔵

白井晟一と中央公論社のデザイン
Shirai's Designs for the Chuokoronsha

白井は戦後、集中的に中央公論社のための書籍装丁の仕事をした。書籍装丁は、義兄・近藤浩一路の紹介で1930年代から始めていたが、戦時中から戦後にかけて中央公論社の社長・嶋中雄作の別荘や邸宅の設計をしたことが同社との縁になったのかもしれない。「中公文庫」の表紙の「鳥」や扉の「顔と鳥」、「自然選書」のためのNATVRA（自然）のNをかたどったロゴ、「中公新書」の背表紙の「RC」のロゴなど、デザインしたマークは複数あり、中央公論新社になった現在も使われているものも多い。

白井晟一《中公文庫装丁デザイン画》
白井晟一建築研究所（アトリエ No.5）

白井晟一《中公文庫装丁デザイン画》　白井晟一建築研究所（アトリエ No.5）

白井晟一《自然選書装丁デザイン画》　白井晟一建築研究所 (アトリエ No.5)

白井晟一《中公新書装丁デザイン画》
白井晟一研究所

第**2**章

1950〜60年代

人々のただなかで空間をつくる

Chapter 2 —— The 1950s and '60s: Making Spaces in the Middle of People

　この章では、1950年代初頭から、1959年の《増田夫妻のアトリエ》前後までの作品を取り上げる。

　建築家として本格的に世に出つつあった白井晟一だが、施主たちとの関係構築は仕事を得ていくための単なる処世術ではなかった。与えられた条件のなかで彼らと対話し、共に思考し、いわば生活者の身体的でリアルな感覚から建築を立ち上げることこそが目指された。だから、この時期に実現した建築には、それにまつわる「人々」の存在感が色濃く残っている。

　「人々」のネットワークを通して白井晟一の建築を眺めなおし、その特徴を大きく以下の3つに分けてみよう。

　1つ目は、白井晟一の地域主義的な側面である。この時期白井は、秋田県南部地域において《秋ノ宮村役場》（1950〜51年）、温泉旅館「稲住温泉」の《浮雲》（1949〜52年）、酒造組合の会議所である《四同舎》（1957〜59年）などの作品を残した。また、秋田での実績を評価され、群馬県松井田町では「畑の中のパルテノン」と呼ばれた《松井田町役場》（1955〜56年）を設計している。秋田での仕事は、戦時中、義兄・近藤浩一路と共に家財道具を疎開させてもらっていたことがきっかけだったという。しかし、日本の近代建築が都市空間に集中するなかで、はからずも

戦後社会の発展を根底から支えた農村と、そこに生きる人々が設計のテーマとして浮上することになったのである。

　2つ目は、白井晟一と知識人との密接な交流である。白井が設計した群馬県前橋市の書店《煥乎堂》（1954年）の経営者、高橋元吉はすぐれた詩人として名高い。彼のもとには戦前から文士たちが集い、芸術談議を繰り広げていた。のちに白井が受賞する高村光太郎賞（1961年受賞）の審査員であった彫刻家の高田博厚や、白井にアトリエ兼自邸の設計を依頼する彫刻家の分部順治、俳人の上村占魚らも、高橋と交流を持っていたのである。この時期に設計された個人住宅の数は20軒以上にのぼり、その施主の少なからずが近藤や高橋の知己であり、いわゆる芸術家や文筆家などの知識人であった。白井晟一の建築作品は、彼を取り巻いていた知的人脈を前提として成立しているのである。

　そして3つ目に、白井の傍らで空間の創造を支えていた人物もまた、重要な「人々」の一員である。本章では白井晟一の右腕として驚くほど精密な図面やスケッチを残した大村健策、初期の白井晟一を助けた広瀬鎌二、笹原貞彦らの建築家をはじめ、大工の棟梁・岡野福松たちとのかかわりにも注目する。

In this section, we focus on Shirai's activities between the early 1950s and his 1959 works the Masuda's studio.

Although Shirai was becoming widely recognized by the public as an architect, he was not nearly as adept when it came to developing relationships with clients and landing jobs. His natural disposition was to engage in discussions with the client with respect to the given conditions, consider the situation with them, and create a structure based on the future inhabitant's actual physical sensations. This explains why the architecture Shirai realized during this period was strongly influenced by the presence of the person associated with the building.

To reexamine Shirai Seiichi's architecture from the perspective of this human network, we might approach his work based on the following three broad characteristics:

1. Shirai was notable for his localistic approach. During this period, he made a number of works, including Akinomiya Village Office (1950~51), Ukigumo (1949~52), part of an inn in Inazumi Hot Spring, and Shidosha (1957~59), a council house for a sake brewers' union. As Shirai was acclaimed for his achievements in Akita, he was also commissioned to design the Matsuida Town Office (1955~56), known as the "Parthenon in the Field," in the town in Gunma Prefecture. Shirai's work in Akita apparently also stemmed from he and his brother-in-law Kondo Koichiro's efforts to evacuate their household furnishings from Tokyo to Akita during the war. However, as Japanese modern architecture came to be concentrated in urban spaces, farming villages, which thoroughly supported the development of postwar society, and those who lived in them unexpectedly emerged as themes in Shirai's work.

2. Shirai developed close relationships with intellectuals. The renowned poet Takahashi Motokichi owned the Kankodo bookshop (1954, located in Maebashi, Gunma Prefecture), which Shirai designed. Prior to the war, writers and artists assembled around Takahashi and participated in discussions about art. These included the sculptors Takada Hiroatsu and Wakebe Junji, and the poet Uemura Sengyo, all of whom Shirai became friends with through Takahashi. Later, in 1961, when Shirai received the Takamura Kotaro Award, Takada was on the judging panel. And Wakeba and Uemura subsequently commissioned Shirai to design residences for them. He designed 20 private houses during the era, and many of his clients were artists, writers, and other intellectuals who were friendly with Kondo or Takahashi. Shirai's architectural works were largely a product his intellectual connections.

3. Other important figures also supported Shirai in creating spaces. For example, in this chapter, we focus on Omura Kensaku who, as Shirai's right-hand man, made amazingly precise blueprints and sketches, architects such as Hirose Kenji and Sasahara Sadahiko, who assisted Shirai early in his career, and the master carpenter Okano Fukumatsu.

上｜写真：外観　2012年撮影
下｜写真：2階バルコニーを下から見上げる　2012年撮影

浮雲 Ukigumo (located in Inazumi Hot Spring)

1949〜52｜秋田、湯沢市（現存）Akita

秋田県、現・湯沢市秋ノ宮に在する「稲住温泉」の別棟として建設された。白井の義兄・近藤浩一路は稲住温泉の当主・押切永吉と交流があり、戦時中には近藤一家の荷物や白井の書籍を秋田に疎開させ、預かってもらっていたという。戦後、その礼も兼ねて白井が押切のもとを訪れたとき、温泉の増築設計があり設計を依頼されたという。建物は起伏のある土地の斜面に建っており、本館の1階からの渡り廊下は《浮雲》の2階に通じている。かつてはこの2階に宴会用広間、階下にはダンスホール、バーカウンター、ティールームなどが配され、社交・娯楽施設となっていた。建物の愛称「浮雲」は、1930年代の留学時代、白井がパリで交流し、建物の建設中に急逝した林芙美子が同時期に連載していた小説名を想起させるところがある。白壁に斜め格子の窓の外観は北ヨーロッパの山荘を思わせ、木の列柱が並ぶ室内を飾る雲型の照明なども白井のデザインと考えられる。白井は、温泉の建物に対して都会の人々は郷土的特性を、地域の人々は都会的な要素を求めるが、《浮雲》はこの2つを兼ね備えたものを意図したと述べていた（『新建築』1953年8月号）。

上2点｜写真：1階内観
右｜写真：1階内観

写真：外観

稲住温泉本館玄関増築
Inazumi Hot Spring Main Building Entrance Expansion
1953 | 秋田、湯沢市 (現存) Akita,

嵐亭 (浮雲離れ) Rantei (Ukigumo Annex)
1959〜63

漣亭 (浮雲離れ) Rentei (Ukigumo Annex)
1959〜63

杉亭 (浮雲離れ) Santei (Ukigumo Annex)
1959〜63

稲住温泉では、白井は《浮雲》(1949〜52年) に続き、寄棟屋根を円柱が支える本館の玄関や、それぞれ独立の客室となる《嵐亭》、《漣亭》、《杉亭》などを設計している。特にこれらの離れは、高低差や池などがある温泉の敷地内に、豊かな自然の借景を十分に生かす形で点在していた。池の方角に半円形の広い濡れ縁を張り出した《嵐亭》や、段差をつけて高くした二間続きの日本間を背に、池側に一段切り下げた細長い洋間を配し「通り庭」に見立てた《杉亭》など、各々が個性豊かな意匠を凝らしたつくりとなっている。また各室が小さいながらも茶室を備えている。当時湯沢には、大阪出身で父の代から住友家に出入りする大工の家系であったという棟梁・岡野福松が移り住んでおり、彼が集めた松田幟、木曾義展などの若く優秀な職人たちがいた。岡野を中心にした数寄屋建築に精通した職人たちの存在が、秋田における白井の木造建築の成立に大きく寄与したことは見逃せない事実である。

1 | 写真：玄関

2 | 写真：嵐亭外観　2012年撮影

3 | 写真：嵐亭内観　2012年撮影

5 | 写真：漣亭外観　2012年撮影

6 | 写真：杉亭外観　2012年撮影

7 | 写真：杉亭内観　2012年撮影

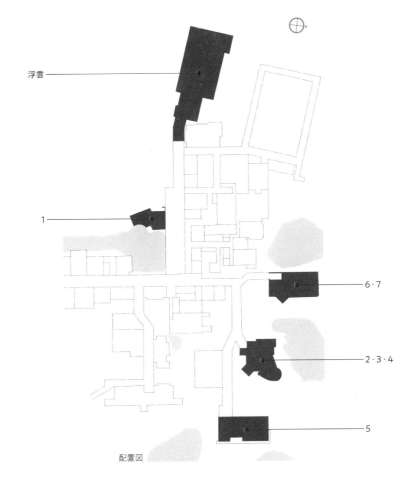

浮雲 ——

1 ——

6・7

2・3・4

5

配置図

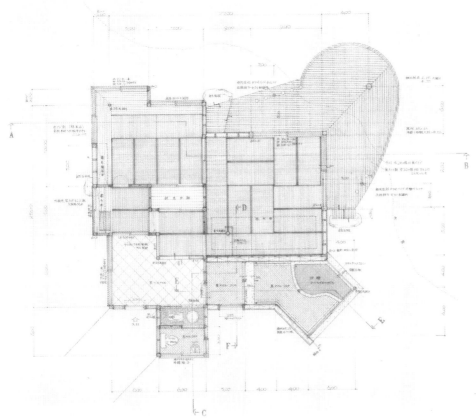

上 | 写真：東側正面外観 (移築前)
下 | 写真：内観

秋ノ宮村役場 Akinomiya Village Office

1950〜51 | 秋田、雄勝町秋ノ宮→湯沢市秋ノ宮 (稲住温泉敷地内、移築、現存) Akita

白井晟一は戦後、文部省のはからいで、秋田県にて「文化講演」を行い、当時、県職にあたる要人に県内羽後町から出されてあった病院建設を紹介された。こうした縁で秋田での仕事があいつぎ、秋田での先行作品に《羽後病院》(1948年) があり、秋ノ宮村役場は2作目である。

秋田の風土から生まれた民家のプロポーションを公館の規模へと拡大したことで、雄大な切妻屋根と深い軒は、ふわりと掛けられたヴェールのように親しげな印象を醸し出している。建築評論家の川添登はその姿を「翼をひろげて、いまにも飛びたとうとする鳥」と表現した。この左右の軒を支えるために、他の白井作品では見られない斜材の支えがあらわれていることも特徴だ。

一方で、建設当時もっとも議論になった点もこの大屋根であり、雪の重さに耐えることができるか、暖房効率は悪くないか、竣工当初からしばらくのあいだ様々な点で住民との折衝があったという (川添登『白井晟一 建築とその世界』1978年)。白井は本作について「雪深い秋田にもやがてはその風土自然に導かれるように民衆のためのほのぼのとした多くの建物があらはれねばならぬ。」と述べている (「秋ノ宮村役場」『新建築』1952年12月)。

《秋ノ宮村役場》はいったんは道路拡幅のためとり壊しが決まったが、1991年、稲住温泉の当主であった押切氏の一族が建物を買い取り、同温泉の敷地内へ曳家により移築、現在まで保存されている。

上｜写真：西側外観　下｜写真：北側外観

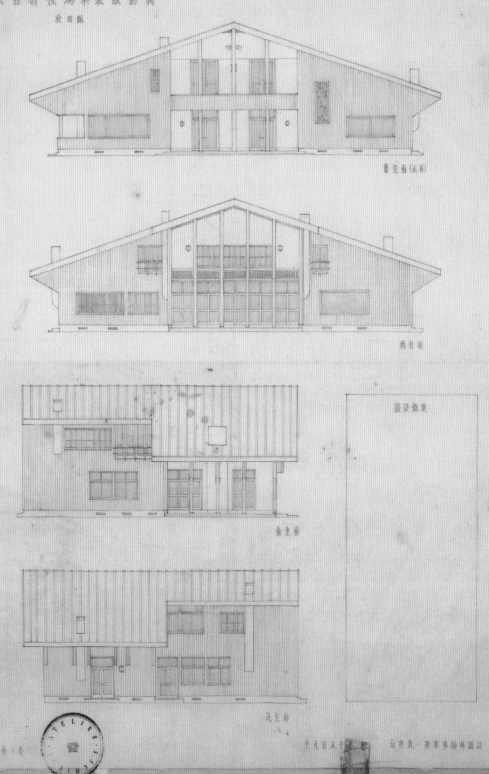

秋宮村役場新築設計圖
秋田縣

豪室前（正面）

西室前

裏室前

設計概要

晃室前

縮尺 百分ノ壱　　　　　　　　千九百五十弐年　白井晟一建築事務所設計

立面図　白井晟一研究所

046

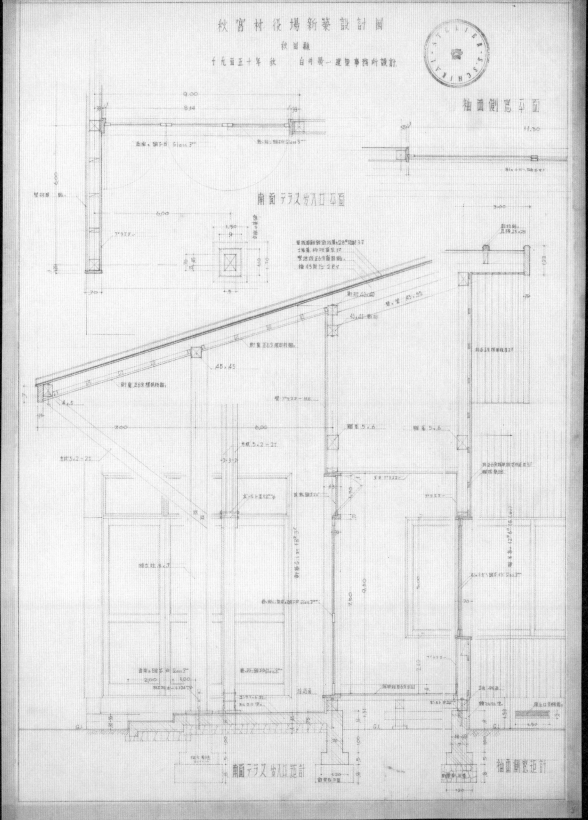

断面図　白井晟一研究所

写真：外観　©秋田県酒造協同組合湯沢支部

四同舎（湯沢酒造会館）

Shidosha (Yuzawa Sake Brewery Hall)

1957〜59｜秋田、湯沢市（現存）Akita

《四同舎》は湯沢の名酒である「爛漫」の工場のほど近くに
建つ。秋田は酒どころとして名高いが、大正期にその安定
供給と品質保持のために、地域の多くの酒造家や財界人の
出資により、現在の湯沢市に株式会社「秋田銘醸株式会社」
が設立されて「美酒爛漫」の生産が始まり、秋田の代表銘
柄となった。白井の義兄・近藤浩一路も戦時中の1944年
に秋田を訪れた際、「爛漫」の酒蔵を見学していることが日
記に見える。この地域の酒造家たちが出資し、秋田国体に
そなえ集会施設として建てられ、市民ホール的な機能を兼
ね備え、関係者の結婚式などにも使用されたという。なお
「四同舎」は白井の命名による。外観は白タイルの壁に黒
塗りの銅板を張った柱がアクセントとなり、同時期の白井
建築の中ではモダニズム風の印象を与える。玄関を入ると
広く面積を取った吹き抜けと軽やかな花崗岩製の回り階段
が上下階をつなぎ、途中には採光のため複数のガラス窓が
配されている。1階は日本間の集会室、2階には板張りの
広い会議室があり、とくに会議室は南側全面に開いた窓や
バルコニーのため、清澄な光が溢れる空間となっている。
後年にはどちらかというと闇のイメージを持つ白井の初期
の別の側面を見る思いがする。この建物の図面作成にあた
っては後に武蔵工業大学の教授となる笹原貞彦が協力したと
伝えられる。

写真：玄関　©秋田県酒造協同組合湯沢支部

上｜写真：1階玄関ホール階段
下左｜写真：2階会議場
下右｜写真：1階集会室

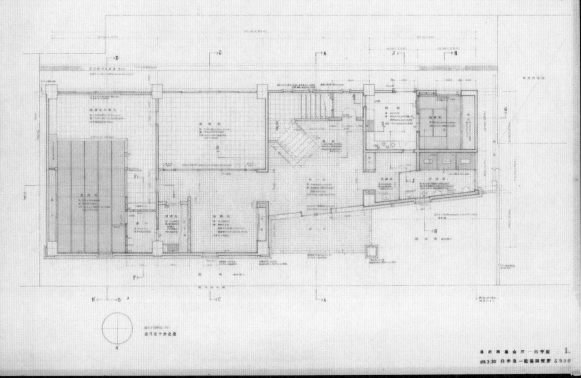

1階平面図　白井晟一研究所

2階平面図　白井晟一研究所

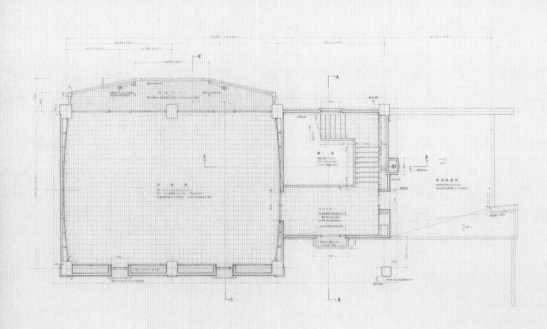

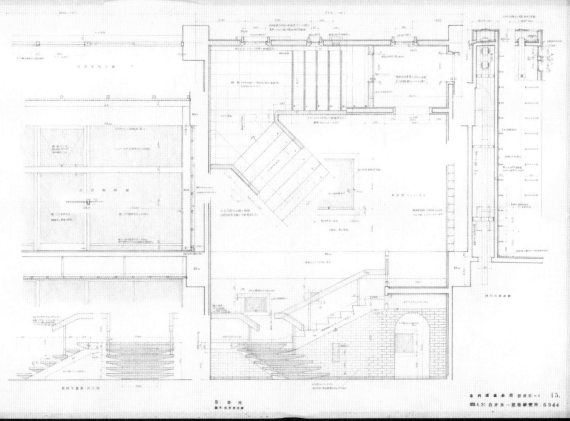

断面詳細図　白井晟一研究所

雄勝町役場 Ogachi Town Hall

1956〜57｜秋田、湯沢市（現存せず／2017解体）Akita, Demolished (2017)

火災で焼失した木造庁舎の建て替えに際して、秋田で厚い信頼を寄せられていた白井晟一が設計を依頼され、鉄筋コンクリート造りで竣工した町役場である。竣工の前年に同じ鉄筋コンクリート造の《松井田町役場》が建っているため、おそらくその評判が伝わったのだろう。松井田町と同様、雄勝町でも不燃のコンクリート建築は県内外で大きな話題になったという。2階を大きく張り出し、合議のための空間である2階の議場や議員室の空間を広くとる手法は機能的かつ合理的であり、しかもキャンティレバー（片持ち梁）の使用という点では「原爆堂計画」との類縁性を指摘することもできる。また2階議場と委員会室にはギリシアのエンタシスを模したかのような柱が立てられているが、その断面形状は楕円形にひしゃげている。大村健策による精密な透視図が残されており、竣工前の建物には側壁があり、また2階部分の仕上げはレンガ張りではなく白いパネル状の素材で覆われていることから、計画段階から多くの変更が加えられたことがわかる。

雄勝町は2007年に湯沢市と合併したため、本建築も湯沢市役所雄勝庁舎として使用され続けてきたが、耐震構造の不安などを理由に解体計画がもち上がり、市民団体が建物の維持管理を引き受けて新たな活用方法を探ったものの、2017年に解体された。

上｜《雄勝町役場外観透視図》　作画・大村健策　白井晟一研究所
下｜写真：外観

上｜写真：外観　下左｜写真：2階ホール　下右｜写真：1階エントランス

大館木材会館 Odate Lumber Hall

1953｜秋田、大館市（現存）Akita

《秋ノ宮村役場》と同じ木造建築で、左右対称の切妻型の大屋根や、正面の
バルコニーなど、極めてよく似た外観を持つ。朝日新聞社の秋田支局にいた
淺野敞一郎によれば、「施工業者が、左右に張り出した大屋根のヒサシを勝
手に三尺ずつ短くした」ために白井が自作として認めなかったというが、竣
工時に配布されたとみられる概要書には「建設設計・東京白井晟一建築研究所」
と明記されているなど、詳しい経緯は不明である。秋田は豪雪地帯のため、
白井の理想とするシェイプが必ずしも現地の環境と適合していないことが後
年判明することもあった。そうした行き違いが背景にあったのかもしれない。

横手興生病院
Yokote Kohsei Hospital (kitchen wing)
1956〜70 | 秋田、横手市（現存せず／2008解体）
Akita, Demolished (2008)

白井晟一が横手興生病院の設計に携わるきっかけは、稲住温泉に滞在中に、当時の病院院長と湯沢市内の美術品店で出会ったことだったと伝えられる。竣工した《横手興生病院厨房棟》(1964〜65年)では、円弧がくりぬかれたアルミ合金鋳物で外観が覆われているが、このアイデアは実現しなかった1957年の「秋田労働会館計画」ですでに見られたものであった。連続するパターンがつくりだす華やかな印象は、病院ではなく「ホテル」のようだと評され、「患者に楽しいふいんきを感じさせるよう設計者と相談した」(原文ママ)という施主の意図を汲んで採用されたと考えられる。1階に炊事室、2階に広間兼食堂、3階に病室を擁する建物は、地域では「蜂の巣」の病院とも愛称されたといい、2008年に建物が解体される際この外壁の一部が保存され、新しい建物に活用されている。

写真：横手興生病院
厨房棟（1964〜65年）外観

秋田の建築群に関わった人々　広瀬鎌二、笹原貞彦、大村健策、そして岡野福松

渋谷区立松濤美術館学芸員　木原天彦

　白井晟一は建築の専門教育を受けず、戦後、一級建築士の資格を取得しなかったことはよく知られている。そうであるならば、白井を専門的・技術的にサポートする人物が存在しなければならないが、こうした周辺の人物に対する関心は必ずしも高くなかった。かろうじて白井晟一の最も詳細な年譜では、1948年頃から広瀬鎌二、笹原貞彦や大村健策などの建築家が設計を手伝っていたことが断片的に記されている[1]。本稿では展覧会準備の過程で明らかになった広瀬鎌二と白井晟一の新たな結びつきを中心に、笹原や大村、そして大工の棟梁として和室を手がけた岡野福松ら、1960年代半ばまでに白井を支えた人々の活動について触れておきたい。

広瀬鎌二と《秋ノ宮村役場》

　広瀬鎌二（1922〜2012年、fig.1）は、1950〜70年代にかけて鉄骨造の住宅建築「SH」シリーズを発表、その後は自邸《肆木の家》（1983年）など伝統木造構法を応用した作品を手がけた建築家である。学生時代を武蔵高等工科学校（現・東京都市大学）の蔵田周忠のもとで過ごし、1966年に母校に戻ってからは長年にわたり研究と教育に携わり、数多くの後進を育てた。「SH」シリーズは、住宅不足が深刻化していた戦後復興期において建築を工業化・量産化し、高品質な住宅の開発を目指した作品群として評価が高い。

　今回、広瀬鎌二の資料を管理する「広瀬鎌二アーカイブズ研究会」（以下、広瀬アーカイブズ）にて調査を行ったところ、広瀬は1949年に《秋ノ宮村役場》の設計図を引き、白井と一緒に秋ノ宮村まで出かけたという記述が残っていることがわかった[2]。この記述は白井側の年譜の表記とも合致するものである[3]。そこでこの記述をヒントに、広瀬アーカイブズにて広瀬自身のサインが入る《SH−3》（fig.2）と《秋ノ宮村役場》の両図面上に判明した文字を比較し、制作者の特定を試みたところ、「塗リ」の表記などいくつかの類似点を見出すことができた。しかし、レタリングされた文字で筆記者の個性が出にくいことなどから、未だ特定には至っていない。

　とはいえ、広瀬鎌二が何らかの形で白井晟一と接点を持っていたことは間違いないだろう。今回、広瀬アーカイブズが管理する資料の中から白井晟一の《萩島小児科医院》（fig.3）の原図面が発見されたことは、その強い裏付けとなった。この建築は1959年竣工とされるが、図面自体は1950年の段階ですでに引かれており、この時期までは白井と広瀬は何らかの関係を持っていたということになる。広瀬は1946年に東京木工設計部に入社、1949年の暮れに村田政真建築設計事務所へと移っている。彼が《秋ノ宮村役場》の図面を引いたのが1949年中だとすると、白井晟一の手伝いは、浪人時代の糊口をしのぐためのアルバイトのようなものだったのかもしれない。

　さらに、白井と直接の交流があった批評家・川添登も、《秋ノ宮村役場》を含め白井と広瀬の関係に言及している。広瀬の建築家としてのデビュー作、《西京風の家》（1952年、fig.4）は木造軸組構法の切妻屋根の住宅だが、川添は本作と、白井晟一の《滴々居》（1951〜52年頃）に後から付け足された「別棟」との構造上の類似を指摘したのである。のみならず、川添は「別棟」が《西京風の家》に先行すること、広瀬が白井の「作風に強く影響を受け」ていること、「SH」シリーズで試みた工業化住宅への批判として、白井の《試作小住宅（渡部博士邸）》が提示されていることなど、かなり独自に踏み込んだ解釈を行っている[4]。しかし、1951年に着手された《滴々居》からさらに遅れて竣工した「別棟」が、その前年に設計が始められていた《西京風の家》に先んじ

fig.1 広瀬鎌二 撮影：三沢博昭

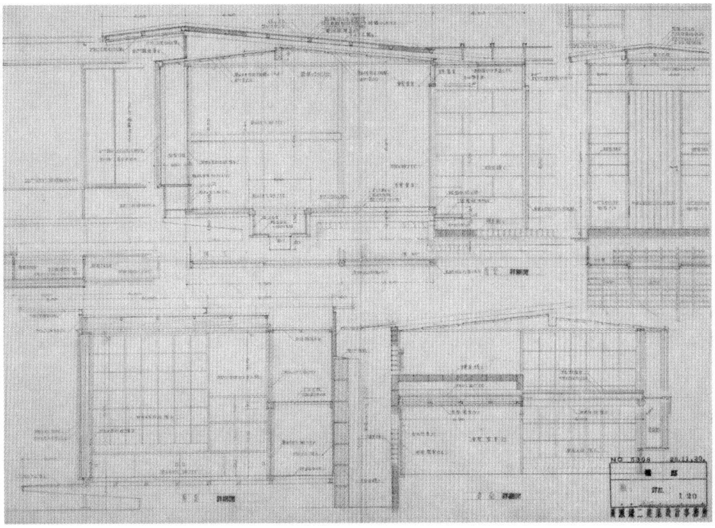

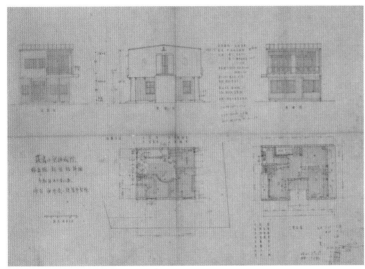

fig.2 広瀬鎌二《SH-3》
（橘邸）詳細図、1953年、
広瀬鎌二アーカイブズ

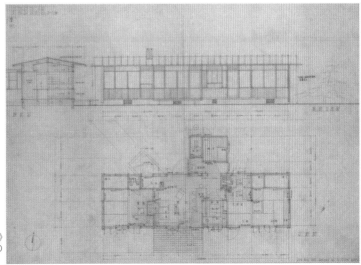

fig.3 白井晟一《萩島小児
科病院》平立面図、1950
年、広瀬鎌二アーカイブズ

fig.4 広瀬鎌二《西京風の家》
（河内邸）平断立面図、1950
年、広瀬鎌二アーカイブズ

るものである可能性は少ない(5)。つまりこうした記述は川添一流のストーリーテリングとして見るべきである。むしろ、《秋ノ宮村役場》や《滴々居》の「別棟」をはじめとする白井の洗練された木造建築の構造やデザインに、広瀬鎌二が重要な示唆を与えていた可能性が高いのではないか。

笹原貞彦

笹原貞彦（1914～2005年）は広瀬鎌二の武蔵工業大学の先輩で、同じく蔵田周忠の門下である。母校では広瀬と同じく長年にわたり教鞭をとった。また蔵田と今和次郎のつながりから、民家調査に同行することもあった(6)。建築家・土浦亀城の事務所に入った1938年ごろ、ドイツから帰って間もない白井と接点を持ち「時折図面の浄書の手伝い」をしていたという(7)。戦後になると現代建築の動向や「進歩した設備や建築法規のこと」を教えることも少なくなかったようである(8)。建築史家・川島智生氏によれば鉄筋コンクリート造の《四同舎》（1957～59年）は、笹原が図面を作成したとされる(9)。笹原は「同心町、巣鴨、静岡、世田谷、そして現在の豊玉に居を移され、どのお宅にもお邪魔して、長居した」、「木造からRC造に変ってからは（中略）自然と足が遠くなった」と白井との交流について述べていることから、《虚白庵》が出来上がる前後、1967年頃までは交流が続いていたと考えられる(10)。親交を結んだ年月の長さから見て、《四同舎》のほかにも笹原が白井の設計に関与している可能性がある。

大村健策

大村健策（生没年不明、fig.5）は1950～60年代を中心に白井晟一のドラフトマン（製図工）として活動した。父は静岡県浜松市で工務店を営んでおり、大村自身は高等専門学校で建築を学んだ。広瀬鎌二とは入れ違いであった。白井の代表作《善照寺》（1956～58年）はそもそも大村の父と寺院との関係がきっかけであり、当初は大村自身に依頼が来るが、すでに白井に師事していた大村がこれを断ったため、白井の設計として竣工することになった。

白井のもとにいた17年余りはほぼ無給で、《滴々居》の「別棟」に寝泊まりしながら、夕食はコッペパンとマーガリンで済ますという日々だったようだが、その間の図面のほとんどは大村が手がけた。「原爆堂計画」はもちろん、和風住宅の名作として名高い《呉羽の舎》の図面も大村の製図である。細部まで克明に描き込む密度は今見ても凄まじいものだが、それでも時に白井は彼を厳しく叱責したという。

白井晟一研究所の図面は、非常に薄いトレーシングペーパーに6Hから12Hにわたる硬い鉛筆で仕上げられることが常であり、これは青焼きを精密に印刷するためだったが、満足のいく濃さで線を引くのは非常に困難な作業であったという。1950年代、『新建築』に白井が登場するようになると、弟子入りを志願する若者がたびたび《滴々居》を訪れるようになったが、大村だけが唯一、この難しい製図方法を習得していったという。

白井晟一が《横手興生病院》を手がけていた頃、大村は白井晟一の元を離れ、別の事務所に勤務したのちに独立。晩年は病を患い、埼玉県の秩父で暮らしていたという。

岡野福松と和室

岡野福松（1900年～没年不詳）は大工の棟梁である。大阪に生まれ、住友家出入りの棟梁であった父のもとで修業し、父の隠居後は棟梁のあいだを渡りながら東京、名古屋、徳島を遍歴。秋田に至ってからは白井晟一の建築作品を手がけるようになった。岡野は職人として西園寺公望の別邸《坐漁荘》（1920年）

や三菱合資総会社理事の《木村邸》(1930年頃) など、格式の高い住宅にも携わりながら腕を磨いたという[11]。白井との出会いに関して、岡野本人のことばを引いてみよう。

　丸太でちょっと変わったそば屋の仕事をしたのを、高田屋（旅館）のおやじさんが見て、白井晟一さんの仕事を頼まれた。白井さんが秋の宮温泉の旅館をやってみえたのでお伺いすると、巻紙にデザインしたものを渡された。完成間近になって、【中略】白井さんが来たところが、びっくりしたんですわ。まさかこんなきれいなものができるとは思わなかったと[12]。

　このとき出来上がったのが、1951年に竣工した《山月席》である。手渡された巻紙には床柱の削りなど細かな点まで指示してあったという。白井の信頼を得た岡野は《山花席》、《琅玕席》、《奥田酒造店（奥田邸）》など、数寄屋風の和室を特徴とする建築を手がけている。東京の《増田夫妻のアトリエ》は一部岡野工務店の担当とされるが、わざわざ秋田から岡野が出向していることからも、白井と岡野の関係の深さが読み取れる。「先生（白井）の仕事は金にならない、けど面白いんだよ」と、岡野はよく弟子に話していたという[13]。《増田夫妻のアトリエ》もまた、ローコストで建てられた住宅であった。岡野が身につけた高級住宅における格式は、白井の創意によって若き夫妻へと伝えられていったのである。

　こうして見てくると、白井晟一は才能あるサポート・メンバーに恵まれた建築家だったと言えるだろう。構造や図面、現代建築の最新動向から伝統木造構法まで、多様な分野に通じた人物に支えられ、時に相互に影響を与え合いながら白井の作品は出来上がっている。

　「孤高」や「精神」という言葉で彩られてきた、白井晟一の〈完全なる独創〉など、あくまでも神話に過ぎない。こうした影響関係を明らかにし、改めて白井晟一を理解しなおすときがきているのではないだろうか。

※広瀬鎌二について、広瀬鎌二アーカイブズのみなさま、長尾晃様から多くの情報提供をいただきました。また、白井昱磨様には大村健策氏について、多くのエピソードをお聞かせいただきました。記して感謝いたします。

註
1　『建築文化』1985年2月号、p.145
2　『広瀬鎌二 1922—∞　作品／著作／行動』広瀬鎌二先生の還暦を祝う会（武蔵工業大学）編、1982年、p.21
3　これに加え、白井晟一と知り合ったのは東京木工時代の上司、加倉井昭夫の紹介によるという記述もある。（栗田勇編『現代日本建築家全集17　池辺陽　広瀬鎌二』三一書房、1972年、p.202）
4　川添登『白井晟一　建築とその世界』世界文化社、1978年、p.160
5　広瀬鎌二《西京風の家》設計図には、1950年8月25日の日付が入っていた。
6　笹原貞彦「建築家の歩いた道」『建築知識』1968年3月号、p.32
7　同上。
8　白井晟一「笹原貞彦と私」、同書、p.27
9　川島智生「醸造家と建築」『醸界春秋』年号
10　笹原貞彦『絵本・建築教師』私家版、1984年、p.16
11　《木村邸》は木村久寿弥太の邸宅であり、伊豆に現存していると思われるが、詳細は不明。
　　《坐漁荘》は1971年に博物館明治村に移設され、2017年に重要文化財に指定されている。
12　中村昌生『日本の匠―六十三人の棟梁と語る』学芸出版社、1995年、pp.268～269
13　秋田県建築士会雄勝支部による「白井晟一調査プロジェクト」に際して行われた、岡野福松の弟子、松田幟氏へのインタビュー。2010年。

fig.5　大村健策

山月席（T旅館客室）
Sangetsuseki (Guest Room in T Inn)
1951｜秋田、湯沢市（現存せず）
Akita, Demolished

この部屋はかつて秋田、湯沢にあった旅館・高田屋本店の依頼でつくられ、その閉館とともに解体されてしまったという。高田屋の当主が、そのころ湯沢に移り住んでいた棟梁・岡野福松の仕事ぶりを知り、この白井設計の仕事に関して依頼する。それが白井と後に彼が重用する棟梁・岡野の出会いのきっかけをつくった。高田屋の当主・高橋廣平は、建築において何よりもまず豪雪への対応が最重要課題である秋田地域にあって、数寄屋建築を得意とする関西出身の岡野の特性と技を理解し、活用することのできる旦那衆のひとりであったのだろう。

半宵亭（鷹の湯温泉）Hansho Residence (located in Takanoyu Hot Spring)

1952〜54｜秋田、湯沢市〔現存〕Akita

「鷹の湯温泉」は秋田県の湯沢市の秋ノ宮において、「稲住温泉」とは街道を挟んで南側に位置する温泉。白井が設計に携わったとされるもののその仕事に関する情報は、後者に比べて少ない。ただ当時の写真から、数寄屋建築の「土庇」の^{どびさし}ように大きく張り出した庇を地面からの円柱で支えるファサードなどに、白井風のスタイルを見て取ることができる。

写真：外観

写真：内観

写真：内観

写真：茶室内観（酒蔵内2階）

琅玕席（高久邸蔵屋敷内茶室）
Rokanseki (tea room in Takaku Sake Brewery)
1949〜50 ｜ 秋田、湯沢市 (現存)
Akita

白井の設計により「小野之里」の銘柄で知られた高久酒
造の酒蔵内の2階に建設された茶室。酒税監査の国税庁
の役人などとの会談の場所として使用されていたという。
室内は土壁と出節丸太で構成され、上は杉材の竿縁天井
となっている。独立して畳上に建てられた床柱は、畳の
継ぎ目からややずれて配置されるなど、いくつかの意図
的な「ずらし」が存在するが、これは他の建築でも白井
が好んだ手法であった。棟梁・岡野福松や彼が見込んだ
若手の職人の松田幟らが作事に携わった。施主の高久多
吉はこうした白井の設計が気に入ったとみえ、実現はし
なかったが自邸設計も依頼していた模様で、白井自身の
手になる計画スケッチが残されている。

2点｜写真：内観

山花席 (O邸客室)
Sankaseki (Guest Room in O Residence)
1951｜秋田、湯沢市 (不明)
Akita, Current state unknown

《山月席》や《琅玕席》と同じく、棟梁・岡野
福松による「岡野工務店」が担当し、白井・岡
野のユニットによる秋田における数寄屋建築
の仕事のひとつであった。
当時、湯沢市内には白井を慕い、設計の依頼
を受けた数点の茶席があったようである。

奥田酒造店（奥田邸）Okuda Sake Brewery (Okuda Residence)

1957｜秋田、大仙市（現存）Akita

奥田酒造店の当主が、家族の住まい兼商店として発注した建築。彼は《四同舎》の施主である秋田銘醸株式会社（「爛漫」）の役員であった。

道路に面した正面外壁は1階がモルタル仕上げ、2階が樫板張りであり、2階にはかつては煙突が付けられていた。側面には奥田邸建設前から存在していた広い庭に対して、大きな開口部が取られている。室内では1階の二間続きの和室に特徴がある。庭に面した開口部から延びる深い軒は窓際の天井高とほぼ同じに抑えられ、室内からの連続性を感じさせる。また、空をかくすことで庭の木々へと意識が集まるような働きをもつ。現当主によればこの軒は住み手として最も印象深い部分であり、雪の重さに大屋根が耐

えかねて折れたり、壊れたりした際にも、補修しながら維持を続けてきたという。床の間は床と同じ高さの畳敷きで、丸い床柱が独立する。また、ここでも《琅玕席》同様に、火灯窓を縦半分に切ったような窓のデザインが見られる。

2階へと上がる幅広の階段手摺は、酒米を蒸すための巨大な窯で煮て曲げたとされている（材質は地元産の木、もしくは輸入材のラワンと2説あるが、いずれもローコスト材である）。断面で見ると中央がくぼんではじが膨らんだ、細く引き伸ばしたひょうたんのような型になっている。《煥乎堂》や《親和銀行本店》など階段に特徴を持つことが多い白井建築の中でも、唯一無二の特異な形状をもつ手摺といえるだろう。

左｜写真：階段
右｜写真：庭から1階居間を眺める
下｜写真：西側正面外観

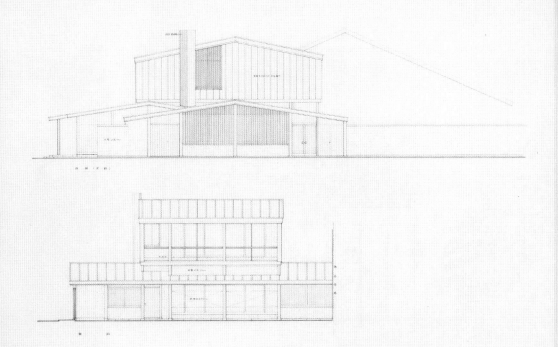

立面図　白井晟一研究所

1階平面図　白井晟一研究所

白井晟一の活動と伝統論

信州大学工学部建築学科准教授　羽藤広輔

　日本の建築史上における、これまでの白井晟一の位置づけは、次の3点にまとめられるのではないだろうか。

・エッセー「縄文的なるもの」を書き、民衆の作家として1950年代の伝統論争で存在感を示した建築家

・「親和銀行本店I期」等に見られるように、見立ての美学により、時代や様式を超えて異質なエレメントを一つの空間に再構成するポストモダニズムの建築家

・「呉羽の舎」等、昭和期住宅史における和風を手がけた代表的建築家

　しかしながら、これらの白井像は一見整合しない部分があるため、既往の評論において違和感が示されるケースもあった。このことについて筆者は、白井の伝統論の展開を読み解くことが、それぞれの相互関係の理解につながるものと考えており、以下、その内容を説明したい。その際、「書」に取り組んだ建築家という特徴的な側面についても触れながら、考察を進める。

　なお、本稿では白井の言説について、主に『白井晟一全集　別巻[(1)]』(以下、SZBと表記)から引用した。

白井の伝統論の展開

　「1950年代の伝統論争」は、主に、川添登が編集長を務めた『新建築』誌上において、近代主義をいかに乗り越えるかという問題意識のもと、民衆論を背景に、丹下健三を中心とする建築家達が、建築設計の場における伝統と創造の問題について、それぞれの主張を展開したものである。その中で白井は、エッセー「縄文的なるもの」(1956年8月号)を書き、縄文・弥生の対比による伝統理解の構図を提示した上で、「縄文的なるもの」の価値を主張し、時代の中心にいた丹下の活動にも影響を与える等、重要な

存在として位置づけられてきた。しかしながら、同エッセーを見直してみると、白井の真意はもう少し別な点にあることがわかる。

　　われわれ創るものにとって、伝統を創造のモメントとするということは結終した現象としてのTypeあるいはModelから表徴の被を截りとって、その断面からそれぞれの歴史や人間の内包するアプリオリとしてのポテンシャルをわれわれの現実において感得し、同時にその中に創造の主体となる自己を投入することだといわねばなるまい。(SZBI、p.18)

　この白井の言説に基づけば、その真意は、縄文文化を賞賛することではなく、創造の主体が、対象の表面的な形象や来歴に惑わされずに、いかに内的な潜在力を掴むかという主旨であったことが読み取れる。その後、白井の伝統論は「伝統拡大」論へと発展していく。1957年の対談では次のように述べている。

　　伝統の問題をせまい民族と地域におしこめては、自己の文明を誇示するにすぎず、伝統の発展的な世界的意味をなくしてしまうものだと考えます。(中略)伝統の拡大などというまでもなく、もともと伝統というものはその様に世界全体がかかわっているものであり、人類の心の底になにか統一のあることを感ぜざるを得ないのです。(SZBII、p.21)

　このように白井は、日本という限られた地域に限定して伝統を語ることを否定し、世界共通に、普遍的に求めていけるものだと主張するようになった。晩年、すなわち、白井の伝統論発展の後に発表された1981年の対談「普遍のアニマ」では次のように語っている。

　　古典のアニマは、西洋人のうちにも、われわれのうちにも呼吸している普遍な実存だ、という

自負がほしい。（中略）一口でいうと、神から人につながる歴史全体を含んだ古典の質と表象は、白紙で感得する修練の蓄積によってはじめて、その対決する一人一人のうちに、各々の古典観を触発するものとなる。古典を典型やドグマの中でかたづけるのではなく、アプリオリとして、内在する普遍なアニマから、その時々刻々転変する生命のアトメン（息吹）を感得する。そのような眼と心一如の「行」。そうなれば自ら、古典は向い側のものでなく、自分の中にあるものとなる。ギリシアもローマも、アールヌーボーさえ。（SZBⅡ、p.234）[2]

以上のように、白井の伝統論は展開し、創造の主体として、地域的由来や形象によらず対象の潜在力を純粋に捉えようとする態度から、その姿勢は保持しつつも、世界の古典も自分たちに内在するものとして共有可能であるという自覚へと発展した。

ポストモダンの建築家

白井の代表作である「親和銀行本店Ⅰ期」（1967年）等に見られるように、時代や様式を超えて、あらゆる異質なエレメントを「見立て」[3]の美学によって一つの空間のなかに再構成している、という白井建築の捉えられ方は、利休になぞらえて白井を論じた磯崎新の長い題名の文章「凍結した時間のさなかに裸形の観念とむかい合いながら一瞬の選択に全存在を賭ることによって組立てられた《晟一好み》の成立と現代建築のなかでのマニエリスト的発想の意味」（1968年）の影響のもとに形成されたものと言えよう。しかしながら、先に取り上げた白井の伝統論の発展経過に基づけば、このような建築から読み取れる特徴として、その手法自体よりもむしろ、白井自身による世界古典の内在化の自覚が強調されるべきであると考えられる。

同様の特徴が見られる白井の自邸「虚白庵」（1970年）についても見てみよう。その内部の印象は暗く、照明によって浮かび上がる多くの美術品や家具類が空間を特徴づけているが、白井はそれらを、歴史文化を学び体得するための「教材コレクション」であると説明している。

日常の中でなんでもなくなったとき、逆に意味が出てくる、そういうことがありますよ。そうすると、われわれが、建築の様式の問題を考えたり、ギリシャの、ローマの、ルネッサンスのと考えるときに、気安くそれらのものを振り返りながら、本身で思考できる。僕が「教材コレクション」というのは、そういう意味です。（1976年、SZBⅠ、p.127）

これを踏まえれば、「虚白庵」は白井自身を身体化したものと捉えることができ、「教材コレクション」として収集された世界の美術品や家具類を傍らに置き、文字通り、自身に内在するものとなるよう、それらと向き合いながら、「時間、空間を開放したいわば、歴史もローカルも揚棄した自由な創造意識自覚の中で」（1981年、SZBⅠ、p.348）設計活動に取り組んだものと考えられる。

和風を手がけた建築家

「呉羽の舎」（1965年）等が挙げられるように、白井は昭和期住宅史において、堀口捨己、吉田五十八、村野藤吾らとともに和風を手がけた代表的建築家として捉えられ、中でも特異な存在として位置づけられてきた。白井自身が、和風について語った資料として、1978年の対談「木のはなし」が挙げられる。その中で、白井は木造和風住宅を手がけるようになった頃のことについて次のように述べている。

『数寄屋建築聚成』とか『書院建築類聚』など離すことがないくらい没頭しました。しかし実

際の仕事はそういうようにひとり勉強で学んだ伝統手法とは全くちがった自由な出発を意図してね。（SZBⅡ、p.124）

　いわゆる手本のようなものを徹底的に勉強し、その上で自由な設計を行っていたということであろう。こうした制作の様子は最晩年にも見られた。遺作となった「雲伴居」（1984年）の設計においては、『書院Ⅰ』、『書院Ⅱ』（創元社、1969年）を傍らに置いていたことが伝えられている。そこでの具体的な古典の取り込みの様子は、「雲伴居」構想過程で描かれたスケッチから読み取ることができる。

　例えば、fig.1[4]に示す「雲伴居」書斎西面を描いたスケッチにおける棚の扉部分には、左右異なる「A」、「B」の意匠が描かれ、「桂ダナ　参考　院Ⅱ167」という表記が見える。この「院Ⅱ167」という表記は『書院Ⅱ』のp.167を指すものと考えられ、そこには三渓園臨春閣第一屋台子の間水屋が掲載されており、「B」扉に近い意匠が見られる他、その扉まわり全体の立面構成が非常に近いものとなっている。また、「院Ⅱ167」表記のすぐ下には，薄く「119曼」と読める表記が見える。前掲の『書院Ⅱ』のp.119を見てみると曼殊院黄昏の間違い棚の写真が掲載されており、先の「A」扉に近い意匠の戸袋が見られる。このように、様々な古典から気に入った意匠を抽出し、自身の設計に取り入れている様子を窺うことができる。一方、前掲の1978年の対談で白井は、自身の和風建築について次のようにも語っている。

　　もし私の造形に伝統的な気配があるとしましたら、それは何も知らない、辨えないうちに、ヨーロッパの重い歴史世界に強烈な洗礼をうけたことから触発されて、育っていった空間、感覚のせいかもしれません。いわゆる日本的感性の目覚めと、伝統的な造形指向が早々身につい

ていたとしたら、どちらにせよ今、僕風として見て下さるようなものをつくることにならなかったかもしれません。（SZBⅡ、p.127）

　このように、日本の歴史的建築物のいわゆる手本のようなものを勉強し、実際の設計の中でもそれらを自在に取り込む様子が窺えた一方、和風を相手にしながらも、日本という枠組みにとらわれず、ヨーロッパ文化の影響が示唆された。その上で、自由な発想で設計が行われたものと捉えることができよう。

白井の活動に通底するもの

　以上のように、白井の伝統論における真意とその発展経過を踏まえれば、既往の白井論が形成した、断絶したまま併存するそれぞれの白井像に対し、白井自身の言説に基づく形で相関関係を提示し得ると言える。白井の伝統論が到達したのは、対象の潜在力を純粋に捉え、それゆえに世界の古典も自身に内在するものとして自覚する一方、時間や空間を開放した自由な意識の中で創造的活動に取り組む姿勢であり、冒頭に挙げた3つの位置づけの関連にとどまらず、多様に展開された白井の活動に通底するものとして読み取ることができよう。

　白井は建築家でありながら、1960年頃から書の手習いに没頭するようになった。白井は書について、「用」に徹することの重要性を主張している（1979年、SZBⅡ、p.164）。通常「用」とは、機能や実用性といった意味で理解され、「字」で言えば、意思伝達の機能を果たす点が挙げられるが、白井による「用」の概念は特異なものであり、その詳細は、伝統論争のさなかに発表されたエッセー「豆腐」（1956年、SZBⅠ、pp.116〜118）で説明されている。これによれば「用」とは、一つの生命が他の生命に奉仕することであり、それは永続性ある信頼としての「常」の中で成熟したものだという。この「常」に

関連して、白井は1970年の対談では次のように述べている。

　　自分の字ばかり書いていると、ひとりよがりになってしまう。やはり王羲之なり欧陽詢なり、顔真卿なり、蘇東坡なりを、不断に勉強することが大切だと思うんですよ。きびしい客観性がないと書とはいえない[5]。

　一方、白井は自身の書き方の特徴として速筆を挙げ、「すくなくとも速ければ書きながら意識的に形をつくってゆくには不便だ」（1982年、SZBⅡ、p.262）としており、書に意識を超えるものを表出させたいという意図を読み取ることができる。白井は、何時間にもわたる習書の活動の終わり間際の状況について次のように説明している。

　　書きすすんで墨がなくなる頃、意識もやや朦朧としてきますが、水を注ぎ足して、書きついでいきます。そのうちになにか捨て難いものが見つかることのあるというのも「習書行」にめぐりあい、これこそ「妙」というものかもしれません。（1979年、SZBⅡ、p.165）

　このように、白井の習書のあり方は、臨書と創作を交互に行うものであり、歴史上の書を自身の肉体に叩き込む一方、自身を無心の境地に追いこみ、そこで意識を超えたものを取り出そうとする行為であったことが窺える。また先に見られた自由や自在といった概念が、修練によって獲得され得る永続性ある信頼に基づくものであることが示唆されていると捉えられよう。

　習書と建築設計という一見かけ離れた活動であるが、ここでも白井自身の伝統論の展開を通じて、それらが重なり合うものであることが読み取れるのであり、またそれらをより詳細に捉える手がかりとなっていることが見て取れよう。

註
1　白井晟一研究所：『白井晟一全集　別巻Ⅰ　白井晟一の眼Ⅰ』同朋舎出版、1988年（本文中SZBⅠと表記）および、白井晟一研究所『白井晟一全集　別巻Ⅱ　白井晟一の眼Ⅱ』同朋舎出版、1988年（本文中SZBⅡと表記）
2　文末に「anima【羅】生命」（SZBⅡ、p.240）と註記がある。また別箇所に「a priori【羅】先験的」（SZBⅡ、p.284）とある。
3　「元来は茶道具としてつくられていないもの、他の用途に使われていたものを、茶の道具として使う（見立てる）ことをいう。」『新版茶道大辞典』淡交社、2010年
4　白井晟一研究所提供。白井晟一研究所『写真集「雲伴居」』筑摩書房、1993年所収
5　白井晟一・草野心平・栗田勇：対談「詩と建築の原質」『現代日本建築家全集9・白井晟一』三一書房、1970年、p.162

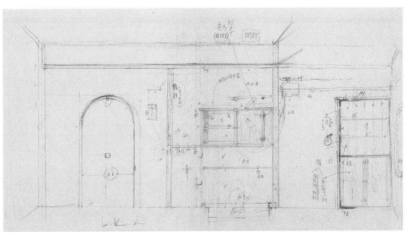

fig.1 「雲伴居」書斎西面を描いたスケッチ

滴々居の入口に立つ白井晟一　1961年頃

滴々居（白井晟一自邸）
Tekitekikyo (Shirai Seiichi Residence)
1951〜67｜東京、中野区（一部現存、千葉と長野に移築）
Tokyo（Moved to Chiba and Nagano）Partially extant

屋根に銅板を葺く費用がなく「こけら板」を並べたため、大雨や台風のときに室内へと水がしたたり落ちることがあった。これが「滴々居」という名の由来である（銅板葺きは竣工後10年たって実現）。他にも、図面上に存在する濡れ縁は完成せず、受け梁だけが最後まで残された。壁はモルタル塗りで、写真を見ると外壁にラスの斜め格子が浮き出ているのがわかる。また、住み始めてしばらくは手洗場がなく、「おまる」で用を足していたことが噂として広まり、白井に仙人のような精神主義者のイメージを植え付けることにもつながっていった。そもそも《滴々居》は当初は住宅ではなく、仕事場として設計されたものだった。全体で20から30坪程度の小さな木造建築である。そのため厨房もなく、図面を見ると土間からいきなり居間と書斎がつながった広間に入る計画になっている。次男の白井昱磨氏によれば、「床の高さは地盤から60cmほどの高床式で、玄関へのアプローチはスロープになっていた」という。

参考：白井昱磨「解説 白井晟一の自邸建築」『白井晟一の建築Ⅲ虚白庵と雲伴居』2014年

右頁上左｜写真：外観
※居間の外は濡れ縁のための受け梁が突き出したまま未完となっていた
右頁上右｜写真：外観　※内部と同じく荒壁の状態
右頁下｜写真：内観　※モルタル塗下地の荒壁のままの状態だった

写真：内観

滴々居のその後

海山居 Kaizankyo
1967〜68 | 千葉、富津市（現存）Chiba

1967年に《滴々居》が解体されたあと、白井の書展などを企画しギャラリストで美術評論家の海上雅臣が仲介役になり千葉県鋸山へと移築され、白井の計画のもと増改築されて《海山居》となった。居間から書斎、和室へとつながるプランはそのままに、新たに10畳ほどの和室や中廊下が付け足された。南側の深い軒を支える独立の丸柱が、外部空間に緊張感を生じさせていることも見逃せない。
ちなみに、建築の所有者は海上を助言者として《海山居》周辺の土地を芸術的楽園として構築しようとした。同敷地内には工藤哲巳の《脱皮の記念碑》（1969年）や中本達也《岩の声》（1972年）をはじめ、数々の作品が点在している。

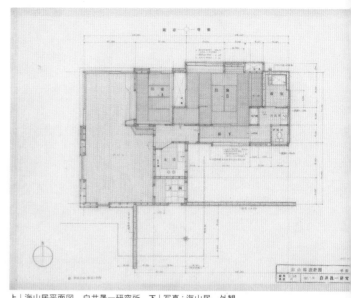

上｜海山居平面図　白井晟一研究所　下｜写真：海山居　外観

正法適々軒 Shoho Tekitekiken

1960年代 ｜ 長野、北佐久郡軽井沢町 (現存) Nagano

《滴々居》の敷地内にしばらくして完成した離れは、母屋とうって変わって当初から住宅として設計されたものだった。全体を3室に区切った垂木構造によるシンプルな平屋で、1950年代に多くの建築家が試みていた狭小住宅の系譜に位置づけることができる。離れは長野に移設され、現存していることが改めて今回の調査で確認されたが、この場所で所員の大村健策が「原爆堂計画」の透視図や図面を描いたと考えられ、創造の「現場」であった可能性を考慮しても、いまいちど評価されるべき重要な作品だと言えるだろう。

写真：外観

土筆居（近藤浩一路邸）
Tsukushikyo (Kondo Koichiro Residence)
1952〜53｜東京、豊島区（現存せず）
Tokyo, Demolished

戦前、白井の設計により豊島区に建てられた2軒目の近藤浩一路邸は戦災により焼失し、その後近藤家は山梨にあった山中山荘を同じ土地に移築しそこに住んでいた。しかし1950年代になり、再び白井の設計により近藤の自邸兼アトリエが新築され、3代目の「土筆居」と命名された。この《土筆居》は、白井が設計に携わった最初の南沢学園町の近藤邸（1936年）以来使用された呼称であった。戦後の近藤邸は、庭を挟んで正方形の主屋を東側に、南北に延びる長方形の書屋を西側に配置し、北側に門屋というおもに3棟の建物から構成されていた。書屋は和室を中心とした日本風建築であったが、主屋の方は白井晟一研究所の所員・大村健策の手になる北側からの透視図を見ると、煉瓦の外壁に軒の無いなだらかな切妻式の屋根を頂くという洋風の外見が意図されていたことがわかる。

近藤浩一路《高山寺路》1956年　山梨県立美術館
※「土筆居」で描かれた作品と思われる

上｜写真：書屋内外観　下｜写真：書屋　右頁｜写真：書屋玄関

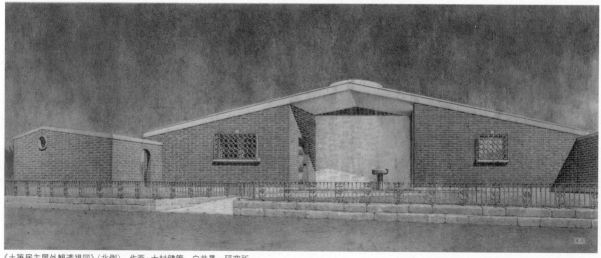

《土筆居主屋外観透視図》（北側）　作画・大村健策　白井晟一研究所

試作小住宅（渡部博士邸）
Experimental Mini House (Doctor Watanabe Residence)
1953｜東京、世田谷区→秋田、湯沢市（移築、現存）Tokyo (Moved to Akita)

秋田県湯沢市で代々藩医をつとめる渡部家の2人の姉弟が、東京で学校に通う
ために設計された建築である。その後、学業を修めた後も引き続き利用できる
ように柔軟な計画が求められ、板間と和室が繋がった広いワンルームが主室と
なった。施工は白井のドラフトマンを務めた大村健策の実家、中村組による。
構造材は秋田から送られた杉、造作材にはラワンが用いられた。約14坪とい
う最小限の敷地に建てられたこの住宅は、1950年代における住宅設計の課題
であった「ローコスト化」と「狭小住宅」という2つの課題に白井が正面から取
り組んだ作品と言えるだろう。
白井は本作が掲載された『新建築』1953年8月号にて、構造材がモルタルで塗
りつぶされて壁内の通気が悪く腐朽が早まるという点から「近代数寄屋」（おそ
らく建築家・吉田五十八の）を批判している。反面、本作については規定を上回る
太い土台を用い、構造材を露出させ、かつ通気や防音を考慮した二重壁にした
として、「ロウコストは建築のエレメントだが、それも人間の生活や精神を引
き上げるのを妨げるロウコストではこまるのだ」（原文ママ）と書き残した。
本作は2006年まで親類縁者が住み継いだ後、白井晟一の孫にあたる白井原太
氏と風基建設株式会社と施工会社によって渡部家の故郷である湯沢市に移築さ
れ、いまなお活用され続けている。

写真：外観（移築前）

写真：内観（移築前）

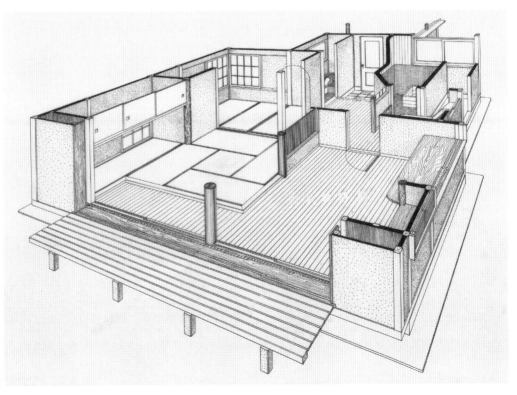

室内パース
白井晟一研究所

アトリエNo. 5（旧高山アトリエ／白井アトリエ）
Studio No. 5 (the former Takayama Studio / Shirai Studio)
1952｜東京、中野区（現存）Tokyo

当初画家のアトリエとして設計され、のちに白井が自身の仕事場とした。現在も白井晟一建築研究所として使用され続けている建築である。

敷地の横幅いっぱいに広がる切妻屋根の一番高い部分に太く丸い柱が2本立っている。1本は庭に面した屋外テラスの軒下に、1本は工房となる主室にあり、窓を境界として向かい合うように配置されている。

テラスの柱は風雨にさらされて銀白色に変化し、もう1本は室内で緩やかに時を重ねる。つまり、この2本の柱は相互に参照しあうことによって、建築の周囲をとりまく「自然」の存在や、建築がそこで生きる「時間」を可視化する役割も果たしているのである。

立面図　白井晟一研究所

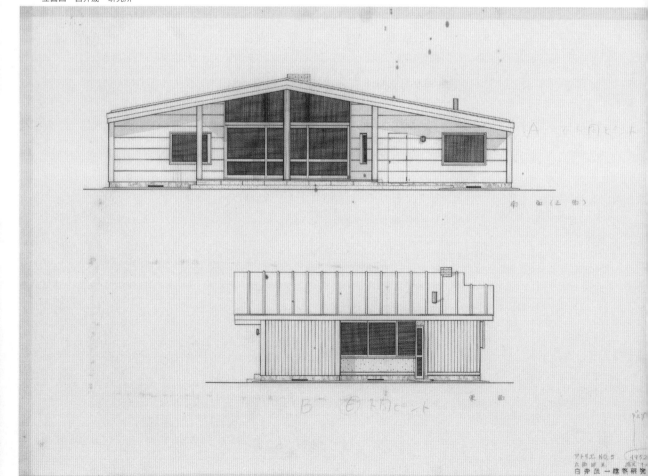

写真：南西からの外観

増田夫妻のアトリエ
The Masudas' Studio
1959 | 東京、世田谷区〔現存〕Tokyo

デザイナーである若き夫婦のために設計された住宅
であり、芸術家の仕事場としては7番目に建てられた。
白井と銭湯で出会い意気投合したという夫妻に予算
は少なく、杉やラワン、アピトン材など当時白井が設
計していたローコスト住宅と同様の素材が用いられて
いる。しかしその中でも室内の中央に8寸（約24cm）角
の太い柱を立てた本作は、殊更に骨太な印象である。
主室となるアトリエは2階部分を吹き抜けにして南
側に縦長の窓を設け、天井にはガマゴザを用いる。
2階は和室が一室あるのみだが、アトリエ側に張り
出した付書院と、その中間に位置する丸柱が特異な
意匠となっている。

この頃、白井は戦前から手がけていた木造建築に加
えて、《四同舎》などコンクリート建築の設計も行う
ようになっていた。本作は木造であるが、左右に軒
が出ず、ベランダやテラスをすべて四角いマッスの
内部で展開している点などにおいて、コンクリート
建築が生み出す洞窟的で安定的な空間の質を、木造
において試みようとした例として位置づけられるの
ではないだろうか。

写真：1階アトリエ

祖父の足跡を追って——移築・保存再生改修を経ておもうこと

白井晟一建築研究所（アトリエNo.5）　白井原太

序

　祖父である白井晟一について「どんなお祖父さんでしたか？」とよく聞かれることがある。

　私が祖父と過ごしたのは10歳までであったが、子供扱いせず、ひとりの人間として人格を尊重し、向き合い、温かくも厳しく接してくれた思い出がある。

　幼少の頃、母が祖父母の住む虚白庵（母屋と呼んでいた）の買い物などの用事を頼まれる時、私は決まって虚白庵に預けられ、夕方のひとときを祖母と過ごす事が多かった。祖父はその頃昼夜が逆転しており、夜間に書にうちこみ、夕方に起床という生活であったが、ときどき母が作った家庭的なカレーを自らアレンジし、褐色のコク深いカレーに変化させ私に振舞ってくれるような事もあった（fig.1）。そんな思い出深い祖父の代表作であった虚白庵も今はもうない。

　私の生家は祖父が設計したアトリエNo.5（fig.2）であり、虚白庵とは200m程の距離にある。

　もともと1952年に画家のアトリエ兼住居として建てられ、その後祖父母が住み、アトリエ事務所としても使われ、1971年から父と母が住み私は生まれ育った。

　今もアトリエ事務所、住居、母の帽子製作工房、という3つの役割を持ちながら大切に守っている。

　「なぜ建築にかかわる仕事を選んだのか？」という質問をよくされるが、特に誰からも促されたわけでもなく、祖父からも建築について教わった事もない。アトリエNo.5で触れてきた空間感、素材感、ディテールなどによって、知らず知らずのうちにその道へいざなわれたと感じている。

　祖父が設計し実現した70数件のうち、現在残る建築はその約半分となり、その中でアトリエNo.5は、場所を変えずに残った最年長の建物となった。

　そんな現存する建築たちがどのような状況か、十数年前から私は所有者の方々に改めて連絡を取り、拝見する機会をいただいている。状況は様々で、いくつかの解体にも接してきた。

　当初は解体という現実に対して残念な思いを持つにとどまっていたが、虚白庵の解体をはじめとするいくつかの経験から、その意識は少しずつ変わっていった。

　私が深く関わる事になった白井晟一設計のふたつの建築と、その"経験"について記してみる。

試作小住宅（1953年）

　「住居は一生の間には度々つくれない。長くもない生涯を、強い風や雨に、或いは地震に堪え、見るからにがっしりとした家で暮らしたいとは誰れしも想うことではないかと考える。ロウコオストは建築のエレメントである。しかし、人間の生活や精神を引上げられるロウコオストでなければならない。かつての日本民家には斯ういう形式が多かった。白い漆喰壁とくすんだ木部との階調は、新舊を超えて素朴な故郷の感覚であると思う。」

　これは"試作小住宅"の発表時に『新建築』（1953年8月号）に、祖父が寄せた文章である。

　試作小住宅は東京都世田谷区の上野毛に、渡部均、律ご夫妻の依頼により設計した平屋建て15坪の小さな木造住宅である（p.76参照）。

　秋田県湯沢市在住のご夫妻が東京で学ぶご子息の拠点として建て、その後も親類縁者が住み継いできた。

　フローリングの勉強室と畳敷きの和室（4.5帖）は丸柱と袖壁を介して緩やかに分けられている。この

空間の中心に存在する象徴的な丸柱は、空間を引き
締める上で重要であるが、実は天井裏で途切れてお
り、あくまで意匠であり構造材ではない（fig.3）。

　また、天井仕上げは一体的な空間の中においても
左官仕上げや杉板張りと様々で、天井高も場所によ
り異なる。全体的に低めの天井設定ではあるが、そ
の仕上げや天井高の違いにより抑揚のある空間とな
り物理的な低さを感じさせない。

　戦後復興時の物資不足の中で、"試作小住宅"と名
付けたこの家は、冒頭の文章のようにローコストで
あっても施主にとって精神的に貧しくなるようなも
のではならないという理念を持ちながら実現した建
築である。

　私が初めて試作小住宅に足を踏み入れたのは
2004年の年末、竣工から50年以上経っていた。た
くさんの方が住み継いできたこの住宅は、建設当時
の状況そのままのような印象を受ける良好な保存状
態であり、施主の建物に対する愛情と、安易な改修
は行わないというポリシーをもった維持がなされて
きた事が伝わってきた。

　渡部家にはこの建物の建設時に祖父から施主に宛
てた手紙が多く残っている。

　コストの事、手続きの方法、資材の調達などにつ
いて、つぶさに記された手紙は、消印を見ると毎週
のように送られていた。施主と設計者の丁寧なコ
ミュニケーションが伝わってきた。

　均、律ご夫妻没後の2004年、律氏が残された
「もし土地を手放すなら建物を含めて大切にして下
さる方に譲って欲しい」というメモにより、建物の
保存を条件に土地の売却先を探していたが難航した。

　解体もやむを得ないとご夫妻のご長男である渡部
三喜氏（この建物の最初の住人であり秋田県湯沢市に代々病院
を営んでおられる。以下、渡部先生）は、別れの一晩を過
ごす為上野毛を訪れた。

fig.1　祖父と私　虚白庵にて　撮影：白井彪介

fig.2　アトリエNo.5の夜景　撮影：佐藤嗣

fig.3　和室から勉強室を見る。中央が丸柱（移築後）

その一晩渡部先生はこれまでを思い起こし、ご自身も5年を過ごしたこの家を葬りさるわけにはいかないと湯沢への移築を決断され、私に連絡を下さった。

　完全な移築が難しいのであれば、少なくともどこかの部分だけでも残したいというニュアンスからのスタートであったが、その後のやりとりの中で計画は次第に進展していき、最終的には上野毛の状況をそのまま大切に引き継ぎ、部材も可能な限り再利用する方向での移築に踏み切ることになった。

　まずは解体保存をするにあたり、各部材を種別ごとに整理し、保存の優先順位を把握する為の"部材等保存の考え方"という表を作成し、各関係者に移築の全体像を把握して頂いた。50年間の歴史が刻まれた部材は、高価・安価は別にひとつひとつ大切にしたいと考えた。

　構造部材の痛みはほとんどみられなかった。単純ではあるが、物理的に、軒が深いこと、床下の通気が充分である事などが建物を良好な状態に保つ要因になったと考えられる。

　解体保存は各部材に丁寧に番付を行い、整理をしながら約1か月をかけ、その後13.5tのトラック一台に納め湯沢へ移送をした（figs.4〜5）。

　湯沢での敷地は上野毛よりはるかにゆったりとしており、隣地境界からの離れも充分に取れた事で防火規制を回避し外部に木部を露出させることも可能となった。

　湯沢ではゲストハウス的な用途も想定される事から水廻りをもう少し広いスペースとしたいという事になった。全く別のボリュームを水廻りとして増築する案も提案したが、最終的には現状の水廻りスペースのボリュームをスライドさせるようなかたちで広げ、立面的に最小限の変化とする増築を感じさせない案を実行する事となった。

fig.4　解体時の試作小住宅のファサード軸組

fig.5　湯沢へむかう13.5tのトラックに積まれる試作小住宅の部材

fig.6　湯沢に移築される試作小住宅

内部の土壁塗り（一部天井）においては解体時に掻き落したものと、特殊陶土色土、砂、ワラ、スサなどを混合させて上野毛での風合いを再現した。色味、テクスチャー等の再現は、システム化、数値化されないものなので最も気を遣った部分であった。

最終的に上野毛の状況を大切に引き継ぎ、可能な限り部材をそのまま利用する移築となった（fig.6）。

そんな試作小住宅（現・顧空庵）は2019年に国の登録有形文化財となった（fig.7）。

戦後に建築され、その後"移築"という行為を経て登録有形文化財となった初の建築物である。

fig.7　移築後の試作小住宅。施主の依頼により新たに顧空庵と名付けた

増田夫妻のアトリエ（1959年）

東京都世田谷区の祖師谷に、アーティストの増田義祐、欣子夫妻の依頼によりに設計した2階建ての木造アトリエ兼住宅である（p.79参照）。

床材は試作小住宅やアトリエNo.5と同じアピトン材、天井は左官仕上げを基本としながら、吹き抜け部の天井は蒲ゴザとこげ茶に塗られたラワン製の化粧梁で構成される。蒲ゴザは50年代の祖父のローコスト住宅でしばしば用いられ、あまり建材として使われない安価に手にいられるものに工夫を加えて（この場合蒲ゴザだけでなく、化粧梁との組み合わせでデザイン）豊かなものにしている。

アトリエという事もあり、北からの安定的な光を得る為の吹き抜け上部の窓が印象的で、南面の大きな開口は鎧戸、ガラス戸、障子で構成され、鎧戸を閉めると北からの柔らかな光のみとなる（fig.8）。

光を取り入れたい場所にどこにでも窓を付けるのではなく、コストのかかる開口部を整理、凝縮して壁体の存在感を確かなものにしている。薄暮の窓と壁体のコントラストは特に美しい。

増田夫妻はこの家を建設当時からとても大切に

fig.8　アトリエ北側上部の窓から入る柔らかな光　天井は蒲ゴザ

し、最後まで丁寧にオリジナルを守ってこられた。私がご夫妻を初めて訪ねたのは2009年の夏、その際「あなたのお祖父さんに、こんな素敵な家を設計して下さってありがとう、と毎日手を合わせているのよ。」とうれしそうに話してくださった。増田ご夫妻と祖父は銭湯で知り合ったという。「大先生とは知らず設計をお願いしちゃったのよ」と欣子さんは茶目っ気たっぷりにおっしゃった。

この時ご夫妻にはお子さんがいらっしゃらないと伺い、祖父が設計した建築について、大抵は残っていって欲しいという考えが基本である私が、この建築については、もしお二人がいなくなられたら、それと同時にこの世から泡沫の如く消えたほうが幸せではないか？とさえ思った。

このあと数年、増田ご夫妻との年賀状などのやり取りが続いたが、数年前からお返事がなくなり案じていた。

そんな中、この家が最近空家のような状況だという情報がまわりまわって私の耳に入ってきた。すぐにご自宅にお電話をしてみると、電話の先は欣子さんではない女性の方だった。姪御さんであった。ご夫妻とも相次いでここ数年でお亡くなりになり、ご夫妻の没後電話は姪御さんに転送されるかたちになっていた。

お話を聞くと、この建物を残せるか今まさに模索しているところで、実はその事を相談したいと、私の連絡先をちょうど調べてくださっていたという。

増田ご夫妻に実の娘のようにかわいがられ、この家でご夫妻とともに過ごした時期もあり、姪御さんもまた、この家で暮らした日々を大切にし、その遺志を継ぎ、なんとかこの家を残したいという思いをお持ちだった。しかし、もともと地方在住で、この家を維持していくのは現実的には難しく、どうしたものかと思案していた。ちょうどその時、相続の事などを相談していた不動産がご専門である現所有者が、壊して、新築して土地を売れば良いでしょうというのが残念ながら今の日本での規定路線の中、そんな状況を憂い、再生させることにこそ意義があると賛同して下さった。保存再生改修を実行し、新たな継承者を探すことになった。

この家の図面などの資料はあまり残っていなかったが、姪御さんと一緒に遺品を整理する中で、建設中の過程が丁寧に愛情深くまとめられた数冊のアルバム（fig.9）や、姪御さんとの日常を撮った8mmフィルムが見つかり、指針を与えてくれた。

姪御さんからは、この家においてご夫妻が何を大切にし、逆に何にご苦労されていたかを聞き取らせて頂き、改修の参考にした。水廻りなどはオリジナルを踏襲しながら更新し、あたかも時計のオーバーホールのように、設計者、住まい手が何を大切にしてきたかを汲み取った上でその家の魂を残した保存再生改修を行った。

時を経て存在してきたものに慈しみをもって手入れをし、更に価値を付加するような土壌を日本でも醸成していく必要があると感じる。

祖父はあまり所有者の名前を作品に付けることはなかったが、この家には"増田夫妻のアトリエ"と名付けた。きっとチャーミングで仲の良いご夫妻に惹かれてのことではないかと思う。一方で芸術家のアトリエ兼住宅のいくつかにNoを付けて発表した。アトリエNo.5、No.6。「増田夫妻のアトリエ」はNoを付けるとすれば7番目となる。

新たなフェーズを迎えるこの建物に「アトリエNo.7」と名付けた。

結び

このふたつの建築、そしてアトリエNo.5は慈し

まれた建築であると思う。ともに祖父の仕事としては中期までの仕事であり、建築を生み出す為に自ら最前線に立ち、細部まで抜かりなく意匠を凝らし、勝負を挑んでいた時期のものとも言える。そういう意味で私は特にこの時期の祖父の建築が好きである。

　試作小住宅の移築の際、祖父に聞きたい事がたくさんあり、よく夢に出てきた。しかし夢の中で祖父は何も答えてくれず、過程の中で答えを探し、見つけていった。残る建築そのものから教えてもらうしかなかった。はからずも、祖父が標榜した、直接体験で得るものが本質であるという禅の思想"不立文字"を体現したように思える。

　"時間に堪える建築"について祖父が語った時、歴史を創ろうという思い上がりではなく、単なる丈夫で長持ちな建築という意味でもない（丈夫で長持ちは当たり前）時間に堪える建築を創ることが建築家の良心であり、正義感であるという事を語っていた。

　これらの建築は、そのような建築家の意図を直接体験から汲み取った住まい手と共に"時間に堪える建築"となる道程を歩んでいるように思う。

Gewidmet meinem Vater Hyosuke

fig.9　増田ご夫妻が建設過程を丁寧にまとめられたアルバム

写真：1階玄関、水飲み場

写真：外観

煥乎堂 Kankodo (bookshop in Maebashi, Gunma Prefecture)

1953〜54 │ 群馬、前橋市（現存せず） Gunma, Demolished

煥乎堂は明治初期に創業した群馬県前橋市の書店。当時の3代目社長の高橋元吉（1893〜1965年）は著名な詩人でもあり、柳宗悦、萩原朔太郎をはじめ、彫刻家の高田博厚など、多くの文化人や芸術家たちと交流があった。元吉の父で2代目社長であった高橋清七もまた17世紀のオランダの哲学者スピノザの研究で知られ、家業のかたわら多くの関係書籍を収集するなど学究活動を行っていた。こうした背景もあり煥乎堂は単なる書店という枠組みを超え、地域における文化の中心的な役割を担っていた。戦後、そうした書店にふさわしい姿を与える建築家として白井晟一が選ばれたのは、高崎出身の彫刻家の紹介と伝えられ、それはこの後自邸設計を白井に依頼する分部順治である可能性がある。分部もまた元吉と親交のある芸術家のひとりであった。

竣工した書店は、白井にとっては最初のRC構造の建物であり、2階建ての書店そのものが当地で目新しいばかりか、中心部に大きな円形の吹き抜けを設け、それを貫く御影石の太い独立柱と上下階をつなぐ螺旋階段という近未来的な内観も強いインパクトを与えた。書店の玄関上部にはラテン語による標語「QVOD PETIS HIC EST（汝の求むものは此処にあり）」が掲げられ、入口の傍らには「PVRO DE FONTE」（清らかな泉）の銘文が入った蛇口のある小さな水場が設けられた。後の渋谷区立松濤美術館建設時にも白井は再度、同様の水場をつくっている。煥乎堂はこの後、上階にさらにギャラリーを増設して展覧会活動をはじめ、講演会活動なども盛んに行う地域の文化センターとして発展していき、元吉を慕って白井も度々訪れていたという。

水飲み場の蛇口マケット　白井晟一研究所

断面図　白井晟一研究所

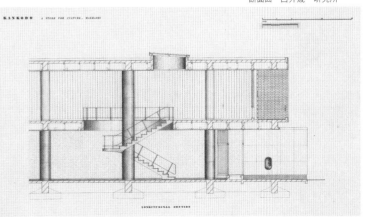

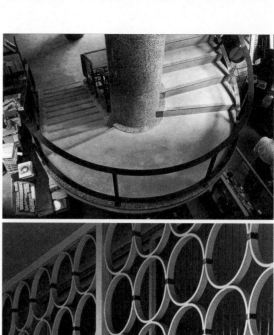

上｜写真：2階から螺旋階段を眺める　下｜写真：2階窓

上｜写真：1階玄関
下｜写真：1階螺旋階段

上｜写真：2階内観　下｜写真：螺旋階段

知宵亭（岡源）
Chishotei (restaurant in Okagen, Gunma Prefecture)
1953〜54｜群馬、高崎市（現存せず）
Gunma, Demolished

岡源は江戸時代からの歴史を持つ高崎の老舗料亭であり、前橋などにも支店があった。岡源は、前橋の書店煥乎堂の社長の高橋元吉や、彼と交流のあった文化人たち、すなわちブルーノ・タウトと親交があり群馬の工芸運動の中心的存在であった水原徳言や、俳人の上村占魚、フランスに留学経験を持ち作家ロマン・ロランの交流のあった彫刻家の高田博厚などにとって一種の集会所の役割を果たしていたようである。白井が設計を担当した高崎の岡源の竣工は、煥乎堂の1年前であり、群馬関係の仕事が続いた時期であった。「知宵亭」の名が付せられたこの建物は鉄筋コンクリートの基壇に木造建築を載せた高床式となっていたという。

上｜写真：外観　下｜写真：内観

上｜写真：外観　下2点｜写真：内観

小平の家（上村占魚邸）Kodaira no Ie (Uemura Sengyo Residence)

1953〜54｜東京（現存）Tokyo

上村占魚（1920〜96年）は熊本出身の俳人で『ホトトギス』の同人。
群馬でも活動し、煥乎堂書店の社長で詩人の高橋元吉と親交が
あり、こうした群馬の文化人サークルのつながりから、新たに
東京に自宅を建設するあたり、白井が設計を手がけたとみられ
る。武蔵野に建てられた占魚邸は、清貧な俳人の住まいという
こともあり、やや細長い平屋の構造の中に、書斎、居間と台所
や洗面所、寝室などが次々と配置され、当時ひとつの潮流となっ
ていたローコスト住宅に通じるような簡素さと機能性をもつ家
となった。当時、白井自身の一種の実験的自邸であった《滴々
居》（1951年〜）には手洗場が無いという話は有名であり、設計
を引き受けてもらったものの戦々恐々としていた上村夫妻は、
完成した自邸にはこれらの機能が備わっているのを見て、胸を
撫でおろしたという。

松井田町役場 Matsuida Town Office

1955〜56｜群馬、安中市（現存）Gunma

群馬県松井田町は1954年に近隣の5つの町村を吸収合併し、その結果人口が5千人から2万5千人へと一挙に拡大。その約6割は農業人口であった（「妙義山にパンテノン」『朝日新聞』1955年11月14日など）。町長であった大河原氏は天野貞祐（ドイツ哲学研究者、吉田内閣の文相）に師事した教養人であり、彼は合併の記念事業ということもあり新庁舎の建設を企図、松井田町と同じく農業を基幹産業とする地方都市に建設された《秋ノ宮村役場》を知ったことで、白井晟一を設計者に抜擢した。また、このとき高橋元吉、白井晟一と「顧不顧の会」という芸術談義の会合を重ねていた建築家・水原徳言は町役場新築の相談をうけ、白井を「一議もなく推薦した」と書き残している（水原徳言『縄文的なるもの——白井晟一の建築と人』1979年）。

白井は町役場としては当時珍しかった鉄筋コンクリート造を採用し、その結果として造形された丸柱が並ぶ白亜のファサードはギリシア建築を思わせる圧倒的な存在感をもつが、白井自身はパルテノン神殿からの影響を後に否定している（「作家・白井晟一の建築的創造をめぐって」『建築文化』1957年7月）。むしろ白井が意識したのは、遠くに見える浅間山、目の前の妙義山と正対する位置に町民の殿堂を建設するという配置プランだったのではないか。1953年、朝鮮戦争に際した軍備増強のため、浅間山と妙義山を含む広範囲の一帯に米軍演習場を建設する案が浮上する。しかし長野と群馬の県境を越え、保守革新の思想的対立も超えた激しい住民運動によって、この計画は1955年に退けられることになった（妙義米軍基地反対闘争）。白井が松井田町役場を民衆の殿堂と位置づけたことと、大地に根差した生活を守ろうとする住民のたくましさ、彼らの内部から湧き上がるエネルギーは無関係ではないだろう。

上｜写真：南側外観　下｜松井田町観光パンフレット
右頁上｜写真：2階和風会議室
右頁中｜写真：2階大会議室　右頁下｜写真：西側外観

上｜写真：アトリエ
下左｜吉野毅《三島由紀夫ドローイング》1970年　作家蔵
下右｜吉野毅《瞬（三島由紀夫）》　作家蔵

アトリエ No. 6（分部順治邸）
Studio No. 6 (Wakebe Junji Residence)
1955｜東京（現存）Tokyo

分部順治（1911〜95年）は高崎市出身の彫刻家。東京美術学校を卒業し、日展などを中心に活躍した。群馬の書店・煥乎堂社長の高橋元吉と交流があり、戦後の煥乎堂の新社屋建設にあたって、設計者に白井晟一を推したのは分部であった可能性がある。その後、分部は自身の自宅兼アトリエの設計を白井に依頼した。最初義兄・近藤浩一路のために次々設計したものも含めて、白井による芸術家のアトリエの設計としては6番目にあたるという意から、この通称が付せられている。現在アトリエは分部の娘婿で彫刻家の吉野毅に引き継がれており、白井設計のアトリエが当初の目的の機能のまま使用されている

点でも貴重な作例である。およそ2階分の天井高を持つ室内は、天窓と南西側の窓から自然光が差し込み、床下には小規模ながら粘土蔵なども備えている。コンクリートレンガをつみ重ねた壁など、細やかな意匠の工夫も見られる。1970年、その年の11月25日に自決することになる三島由紀夫が自身の彫像の制作を分部に依頼し、1年近くポーズのために通ったのは奇しくもこのアトリエだった。分部の体調悪化のため、吉野も作業に加わっていたが、部屋の中心でモデル台に立つ三島は、ある時には作家としての観察力と記憶力を誇示するように、アトリエの様子を精密に言葉で描写してみせたという。

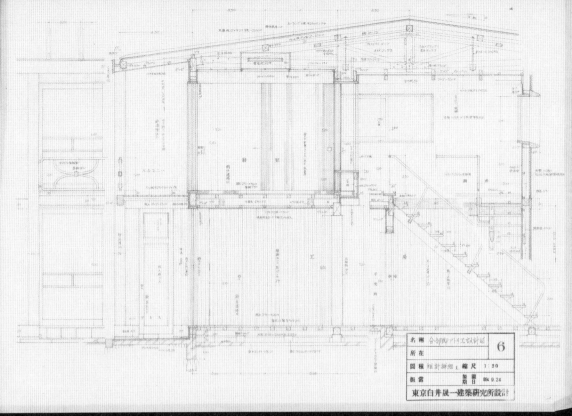

矩計図　白井晟一研究所

立面図　白井晟一研究所

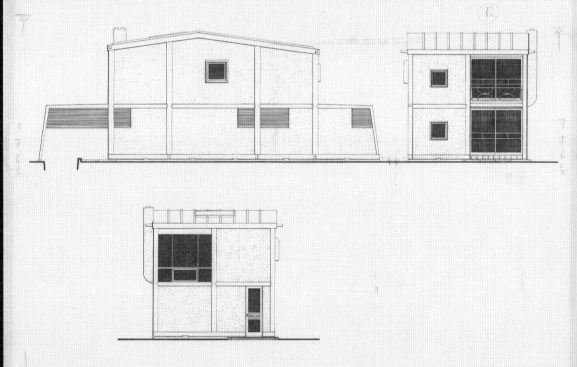

白井晟一の煥乎堂

アーツ前橋学芸員　井上康彦

　群馬県前橋市。アーツ前橋から南にむかって緩やかな勾配を登りきり、突き当たった国道50号線を西に2区画進んだところに、それはある。商店街の中心的な存在として住民に親しまれているこの書店は、この地において文化拠点として最大の敬意を受けてきた、特別な意味を持つ場所である。かつてここでは、書店営業以外にも芸術、音楽、文学、思想などジャンルを問わない異種混淆の活動が行われており、とりわけ60年代から80年代にかけて、その先端性と濃度は他に類例がないほどである。60年代には、店内ギャラリーにおいて、数多くの展示が企画され、とりわけ前衛芸術家たちの活動拠点になった[1]。また70年代に開設された「文藝講座」には、時代をリードする思想家、作家たちが招聘され[2]、その講演には黒山の人だかりができるのだった。

　この時期の事業を支えた店舗こそ、1954年竣工、白井晟一の手になる煥乎堂旧館である。いまはもうない。いま手元にある写真と立面図、記述をまとめると、それはおおよそ次のような建造物だった。間口10m、奥行東側13m、西側18mの2階建て。1階天井の中央部がぽっかりと円形にくり抜かれ、それを貫く円柱には上下階をつなぐ螺旋階段が巻き付いている。外観、正面入口には遮蔽壁があり、両サイドから入店する構造をしていたのだという。レンガで覆われた2階外壁には、白井晟一印の多孔状の鉄柵がはめ込まれている。入り口右手の壁面には、ラテン語で「PVRO DE FONTE（清らかな泉）」と刻まれたブロンズの蛇口（fig.1）が設置されていて——これは現在の店舗に移設され、またこれと同様のものが松濤美術館にも嵌入されている——、入口上部には、これもラテン語で「QVOD PETIS HIC EST MCMLIV LIBRARIVS KANKODO（汝の求むるもの此処にあり　1954年　書店　煥乎堂）」と刻まれている（fig.2）——このプレートも新館に移設されてお

り、またホラティウス『書簡詩』から引かれたこの「QVOD PETIS HIC EST」の文言は、後に白井が中公新書の装幀を担当した際にも使われ、いまでも中公新書の表紙を捲るといつでも目にすることができる[3]。

　白井が煥乎堂を設計するに至った経緯はこうだ。終戦間際の前橋空襲で店舗を焼失した煥乎堂は、長い間仮設の社屋で営業をつづけていた。1952年、当時の社長高橋元吉は、先代専務磯貝憲佑を呼び戻し、その指揮のもと新社屋の建設を機に再起を図った。このとき、その新社屋を設計する建築家として、当時注目を集めつつあった白井に白羽の矢が立ったのだった[4]。

　61歳の高橋元吉と49歳の白井晟一が、依頼主と建築家という仕事上の関係を超え、「肝胆相照らす」仲になるまで、そう時間はかからなかった。高橋元吉は、一方で書店に文化サロンとしての機能をもたせた、いわば草分けの一人であり、たとえば紀伊國屋の田辺茂一や西武の堤清二の先駆として位置づけられる存在である。だが他方で、スピノザ研究者清七を兄に持ち、萩原朔太郎、武者小路実篤、柳宗悦など綺羅星のごとき面々と交流を持つ彼はまた、「黄裳」の名で詩人としても活動する博覧強記の知識人でもあった。煥乎堂建設中、毎晩のように前橋の料亭「岡源」に通った高橋と白井は、書と言わず建築と言わずあらゆるテーマについて語り合い共鳴しあったという。たとえば彼らは、水原徳言を交えた岡源での三人の会合を「顧不顧の会」と称していたが、これが書家として白井が「顧之」を号するもとにもなっているほどである。また「顧不顧の会」は、群馬におけるいくつかの白井建築のキッカケともなっている。松井田町役場は水原徳言が仲介したものであるし、計画のみで頓挫したものの「半僧坊」は、磯貝が修行した寺の境内に建てられる予定

であった[5]。

　煥乎堂を含む群馬県内の仕事が集中した1952年から56年は、「原爆堂計画」「めし」「縄文的なるもの」「豆腐」など、白井の活動の核となる思想が醸成された時期と重なる。白井自身が具体的に明言しているわけではないが、会合の頻度と生み出された成果から見て、群馬でのこの数年間の高橋元吉や水原徳言との交流の影響が、白井の書にも建築にも思想にも深いところまで及んでいたと言ってもさほど極言にはならないだろう。ほかならぬこの時期に建てられた煥乎堂には、原爆堂以外に作例のない、円柱に巻き付く螺旋階段が設えられており、松濤美術館や中公新書に先行するラテン語の文言もこの建造物にはじめて用いられている。いま仮にこれを白井の特権的なアイコンとして捉えることができるならば、それ以降の白井晟一印の記号が凝縮した源泉のような存在だったと言えるかもしれない。してみると、今はなきこの建築が、白井の後半の仕事を画す決定的な分水嶺として、歴史の遠近法のなかに位置づくことになるのである。煥乎堂への興味は尽きない。

※本稿執筆にあたって、岡田芳保、染谷滋、両氏にご協力いただいた。記して感謝します。

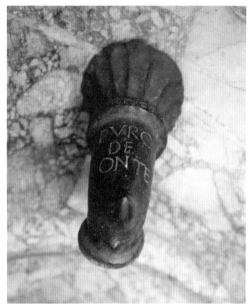

fig.1　「PVRO DE FONTE」が刻まれた蛇口（現在の店舗）

fig.2　「QVOD PETIS HIC EST」が刻まれたプレート（現在の店舗）

fig.3　積田鰹士《煥乎堂書店》1971年

註

1　群馬の前衛芸術集団「NOMOグループ」や彫刻家・高田博厚が東京藝術大学の弟子と集って結成した「一元会」などの数多くの展示が行われた（岡田芳保所蔵資料）。当時の群馬のアートシーンについては、吉田富久一『群馬における戦後、前衛美術運動の軌跡と行方』（群馬県立女子大学、2000年）、煥乎堂ギャラリーについては、染谷滋「煥乎堂と煥乎堂ギャラリーの歴史」『アーツ前橋研究紀要第1号』（アーツ前橋、2018年、pp.41–55）を参照。
2　吉本隆明、大江健三郎、小田実、野間宏、加藤周一、廣松渉、淀川長治、坂崎乙郎、工藤哲巳など（岡田芳保所蔵資料）。
3　煥乎堂の建築構造については、矢来神三「活字シアター」400、403、『週刊読書人』（2011年）、白井晟一研究所『白井晟一の建築IV──初期の建築』（めるくまーる、2015年、pp.40–43）、『白井晟一──精神と空間』（青幻舎、2010年、p.46）を参照。
4　矢来によれば、白井と高橋は、「高崎出身のある彫刻家」──分部順治か？──を介して出会うことになるが（「活字シアター」403）、とすると磯貝からまず「彫刻家」に煥乎堂新社屋設計の打診が行き、その後に「彫刻家」が白井を紹介した、と考えられる。
5　水原徳言『縄文的なるもの──白井晟一の建築と人』（相模書房、1979年、pp.78–81）。

善照寺本堂 Zensho-ji Main Hall

1956〜58 | 東京（現存）Tokyo

浅草、東本願寺の別院として建てられた仏教寺院である。設計については、もともとは白井晟一研究所の所員であった大村健策の父と寺院とのつながりから、最初は大村に依頼がよせられた。軒の深い切妻屋根が四隅のL字型の壁体で支えられ、壁の間に軒高までスリット状の開口部をとるシンプルな構成である。壁の出隅にスチール製の柱型を配置する方法は、《増田夫妻のアトリエ》(1959年) と共鳴する。全体は地面からわずかに持ち上がり、周囲をキャンティレバー（片持ち梁）で支持した回廊に囲まれている。堂内には八角柱を左右に3本ずつ立ててその間を外陣とし、最奥部が一段高い板敷きの内陣となる。敷地へと続く通りから見れば、通路から正面のガラスの開口部を通して内陣まで、ほぼ同じ幅で一直線につながる軸線が浮かび上がる。切妻屋根は人間を招き入れ、スリット状の開口部と浮遊した回廊は聖性を感じさせる。通りから内陣への直線的アプローチは聖と俗の連続的な接続の装置ともとれる（堂内へ入るには正面のガラスに阻まれ、左右の入り口から中へ入るしかない。つまりここには切断も同時に存在する）。すべての要素がこの場の役割と緊密に結びつき、一体性のある全体を構成しているのである。

上｜写真：外観　下｜写真：内観

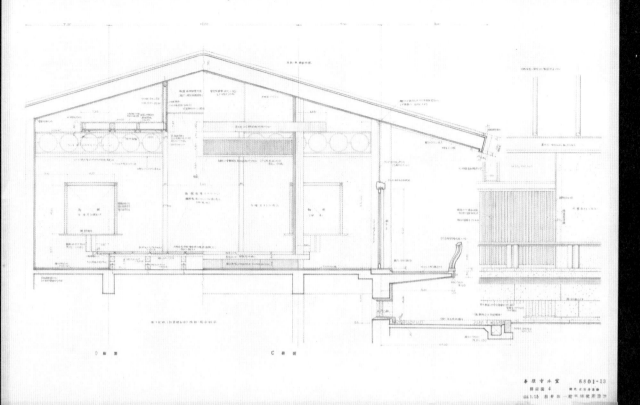

断面詳細図　白井晟一研究所

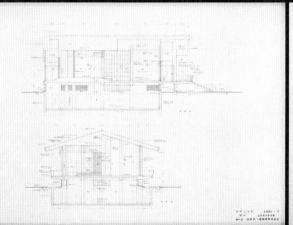

断面図　白井晟一研究所

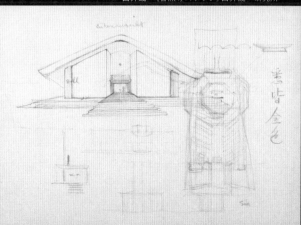

白井晟一《善照寺スケッチ》白井晟一研究所

1960〜70年代
人の在る空間の深化

Chapter 3 —— The 1960s and the '70s: Adding Depth to the Spaces People Occupy

1960年代以降、急速な経済成長を遂げていく日本で、建築家は国民のための住宅供給から、都市空間そのものの建設へと主たる関心を移していた。丹下健三の「東京計画1960」（1961年）や前年に結成されたメタボリズム・グループの描き出した都市イメージには、成長・増殖する都市人口や混沌化するインフラを技術的に統制し、方向づけようとする理想が現れている。

一方の白井晟一は、1962年に《親和銀行東京支店》と《親和銀行大波止支店》を手掛け、第1期から第3期にわたる《親和銀行本店》（1967／70／75年）の建築も立て続けに実現した。施主となったのは親和銀行の頭取であり、戦後の内閣で大臣職を歴任した北村徳太郎だ。白井と同じ京都生まれで、敬虔なキリスト教徒でもあった北村は、白井に「多少公共的な意味をもったモニュメンタルなものを」という来たるべき銀行建築の理想を語ったという[1]。彼は単なる金融機関ではなく、人々の精神を高みへと導く、地域の文化的な中心としての建築を構想していたのである。1969年、北村の理想に応えた《親和銀行本店》は、建築年鑑賞、日本建築学会賞、毎日新聞芸術賞を受賞する。

白井はこの時期、人間生活の秩序のためには「個我の妄執をうち破る人間以上の力をもつ存在を畏敬する感情を欠くことはできない」と語っていた[2]。だからこそ、浅草の仏教寺院《善照寺本堂》（1958年）や茨城キリスト教大学の施設《サンタ・キアラ館》（1973〜74年）、《サン・セバスチャン館》（1971〜72年）など、すでに信仰を持つ人々のための施設だけでなく、交差点の角地に建てられた商業テナントビルである《ノアビル》（74年）など不特定多数のための場所においても、より一層の象徴性や超越性を帯びた造形が必要と考えたのだろう。《虚白庵》（70年）もまた、白井晟一が自身に設けた精神の鍛錬のための空間である。室内の暗闇と白砂に覆われた中庭が伝説的に語られる、白井の終の棲家となった住宅だ。

こうしてみると、丹下たちは交通や情報のシステムを設計して、いわば〈群衆〉に働きかける建築を構想し、白井はむしろ、個別の〈人間〉に内省をうながす建築を目指したように思える。しかし、都市や建築を増殖する器官ととらえ制御しようとしたメタボリズムの試みについては、全く異なる3つの建物が連結される《親和銀行本店》においてもまた、類似の取り組みがなされているのである。両者はこの点において、たしかに同時代性を共有していたといえるのではないだろうか。

In the 1960s, Japan achieved rapid economic growth, leading architects to shift their focus to everything from supplying private houses to designing urban spaces. Tange Kenzo's Plan for Tokyo — 1960 (1961) and the Metabolist group's (formed in 1959) images of the city were rooted in ideal methods of technologically controlling and directing the growth and proliferation of the urban population and the chaotic infrastructure.

At the same time, Shirai Seiichi designed the Shinwa Bank, Tokyo Branch and Shinwa Bank, Ohato Branch (both in 1962), and was also involved in making Shinwa Bank, Main Branch (1967, 1970, 1975) from the first to the third phase of the project. The client in this case was the president of Shinwa Bank, Kitamura Tokutaro, who had served as a cabinet minister in the Japanese government after the war. Apparently, Kitamura, who like Shirai was born in Kyoto as well as a devout Christian, told Shirai that in years to come the ideal form of bank architecture would be "something monumental with a certain degree of public significance."[1] In effect, Kitamura conceived of buildings that were not simply financial institutions but ones that would also lead people to greater spiritual heights and function as the cultural heart of the community. In 1969, Shirai responded to Kitamura's vision with Shinwa Bank, Main Branch, which garnered him the Japan Institute of Architects' (JIA) Annual Architecture Prize, the Architectural Institute of Japan (AIJ) Prize, and the Mainichi Art Award.

During this period, Shirai said, "It is essential that we develop a reverence for an entity with the power to break through our ego delusions and transcend human beings."[2] This explains why Shirai designed facilities, such as Zensho-ji Temple, Main Hall (1958) for the eponymous Buddhist temple in Asakusa, and St. Clara Hall (1973–74) and St. Sebastian Hall (1971–72) at Ibaraki Christian University, for those already had religious faith. But at the same time, he also designed places for the general public, including the Noa Building (1974), a building for commercial tenants that stood on the corner of an intersection. Shirai seems to have believed that it was necessary to create buildings that were tinged with a pronounced symbolic and transcendent quality. He also designed Kohakuan (1970) as a space for his own spiritual training. The work is legendary for the darkness of its interior and the inner courtyard, which is covered with white sand. The building was Shirai's final abode.

Thus, while Tange and others of the era designed transport and information systems (i.e., architecture that would have an effect on the general public), Shirai perhaps aimed to make buildings that would inspire reflection among individual people. Yet, the Metabolists' approach of attempting to see and control the city and buildings as proliferating organs shares something with Shirai's Shinwa Bank, Main Branch, a work made up of three completely different but conjoined buildings. In that sense, both he and the Metabolists are very much of their era.

Notes

1　"On the Occasion of Receiving the AIJ Prize," *Kenchiku zasshi*, August 1969.
2　"Buddhism and Architecture," *Complete Works of World Architecture Vol. 12*, Heibonsha, 1960.

註

1　「学会賞受賞にあたって」『建築雑誌』1969年8月号
2　「仏教と建築」『世界建築全集』12、平凡社、1960年

飯塚邸・飯塚医院 Iizuka Residence, Iizuka Residence Clinic

1961〜62｜長野、長野市（一部現存）Nagano, Partially exant

施主一家は文芸を好み、かねてから白井の義兄で画家の近藤浩一路や妻清子と家族ぐるみの交流があった。こうした義兄夫妻の縁もあり、施主の娘婿の飯塚医師が開業するにあたり、自宅と医院の設計が白井に委託されたものとみられる。かつて自宅と医院は庭を挟んで向かい合う形で建っていたが、現在は後者のみが現存し「飯塚医院」の建物となっている。室内は待合室から特徴的な半円形のホールが連続し、その壁の円弧に添ってレントゲン室などの諸施設の小部屋がリズミカルに配されている。ここから診察室に至ると、窓面が大きく取られた室内は明るい印象を与える。初期に秋田で手がけた《羽後病院》（1948年）に始まり、白井はいくつかの病院の設計を手がけてきたが、そのなかでも現役で活用されている貴重な作例である。

近藤浩一路墓碑 Gravestone for Kondo Koichiro

1962 | 東京、台東区〔現存〕Tokyo

白井に大きな影響を与え、その仕事の支援者でもあった義兄・近藤浩一路は1962年に78歳で死去した。白井は義兄と未亡人となった姉・清子のために上野寛永寺の墓地に建立する2つの墓のデザインを行った。墓碑の字を担当した近藤の友人の画家・中川一政が「墓は四角いものと思っていたら白井は円筒形の墓をたてた。」（中川一政『腹の虫』日本経済新聞社、1975年）と述べているため、当初は円筒形のプランであった可能性もあるが、完成した墓は道標のような細長い長方形のシンプルな形となった。

写真：墓碑　墓碑銘は中川一政

親和銀行東京支店
Shinwa Bank, Tokyo Branch
1962〜63｜東京、中央区（現存せず）
Tokyo, Demolished

東京銀座の三原橋に建てられた、白井晟一にとって初の親和銀行の支店建築である。施主は親和銀行の頭取である北村徳太郎（1886〜1968年）であった。

鉄筋コンクリート造で地下2階、地上9階建てのビルで、2階部分までは四国庵治産の花崗岩を組み合わせ、絞りこまれた3階部分はブロンズ製のグリルで囲む。それより上は濃紺タイル張りの方形の塊で、正面に1つ、側面に2つのスリットが走っている。こうしたボリュームのある基壇部分と垂直に延びてゆく上部による構成は、《ノアビル》（1972〜74年）でも再度試みられることになる。

玄関に入り階段で地下へと下った先にある営業室では、弧を描く天井曲面が空間を広く見せると同時に、分厚い石の塊を掘り穿った洞窟のような性質を生み出している。

2006年に解体され現在では訪れることは出来ないが、往時を知る人の証言では、半地下の営業室に入ると、表通りの喧騒が遠くなり、静寂に包まれるような空間が広がっていたという。

右｜写真：南側正面外観　下｜写真：内観　営業室入口
右頁｜写真：南東側外観

南面　　　　　　　　　　　　　　　　　　　東面

立面図　白井晟一研究所

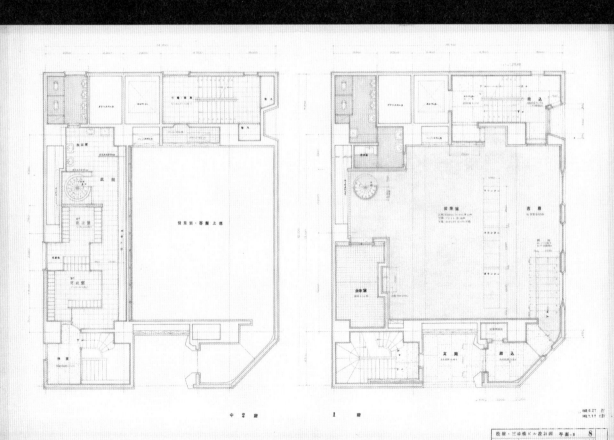

中 2 階   1 階

1階・地下1階平面図　白井晟一研究所

親和銀行大波止支店 Shinwa Bank, Ohato Branch

1963/68/72 ｜ 長崎、長崎市（現存）Nagasaki

《親和銀行東京支店》と同年、長崎駅から路面電車で一駅進んだ「五島町」の、遠くに港を望む敷地に建てられた銀行建築。全体はヒューマンスケールに低く抑えられ、手前には水が張られて海との連続性を印象づけている。緩やかな円弧を描くファサードの中央にはアーチ状の開口部があけられて、ステンレス製の金属製グリルがその上を覆っている。室内には中央部がえぐられた大理石の梁や黒色の重厚なカウンター、フルーティング（溝彫り）のある柱など存在感のあるエレメントが緊密に構成

され、決して大きくない規模にもかかわらず見どころは尽きない。後の親和銀行本店が人々に驚きや、ときに困惑を引きおこしたのに対し、大波止支店はむしろ使用者に親しみをもって迎えられていたようだ（浜口隆一「建築家・白井晟一のインテリア」『ジャパンインテリア』NO.12、1964年3月号）。1960年代以降、白井晟一の建築には閉鎖性や超越性を感じさせるものが増加していく中で、本建築は愛すべき小品として生み出され、今も地域の中で活用され続けている。

左頁｜写真：正面外観
上｜写真：北西側外観
下｜写真：内観　客溜

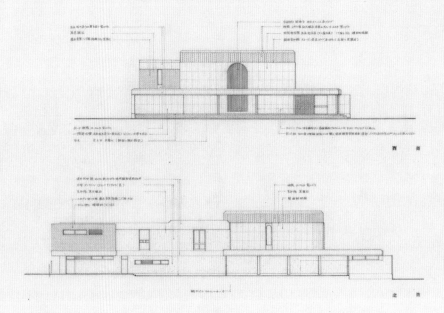

西 面

北 面

立面図　白井晟一研究所

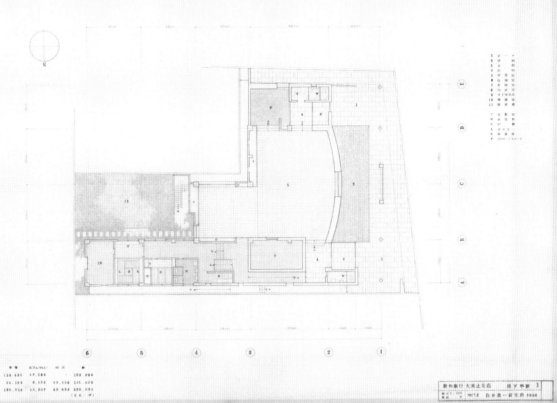

平面図　白井晟一研究所

白井晟一　《親和銀行長崎支店スケッチ》　白井晟一研究所

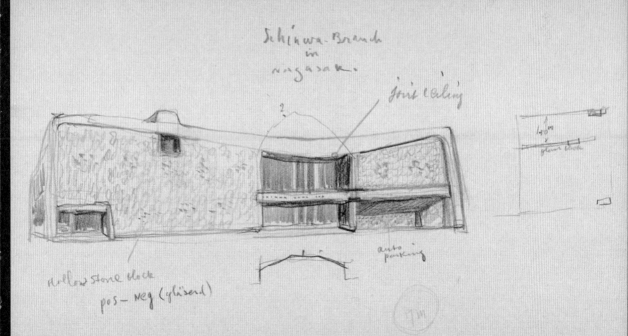

親和銀行本店第1期 Shinwa Bank, Main Branch Stage 1

1966〜67 | 長崎、佐世保市（現存）Nagasaki

佐世保の商店街の一角に建てられた、巨大な銀行建築である。その姿はアーケードに遮られ、遠くから全体像を把握することは出来ない。しかし白井本人も語ったように親和銀行本店の計画はそもそも、先行して存在する建築に対する「増築」を繰り返すことによって、時期を隔てて次第に全体が構成されていくイスタンブールのハギアソフィア大聖堂のようなものだった。それゆえに、視線を遮るアーケードは建築の全体性を損なうものではなく、むしろ各部分が感覚のうえで連結されることによって全体が把握されるという、この建築のテーマを補う装置ともなっている。

1926年、つまり大正期に竣工した様式建築の旧銀行への「増築」として建設された第1期の建築は、八角形の白い量塊に黒御影の円柱形シャフトが貫く「原爆堂計画」を、商店街の一角において、すなわち日常のただなかで実現したものであった。

写真：正面外観（部分）

写真：東側正面外観

上｜写真：内観　営業室　下｜写真：エレベーター
右頁上左｜写真：1階階段　右頁上右｜写真：1階広間階段
右頁下｜写真：1階玄関付近

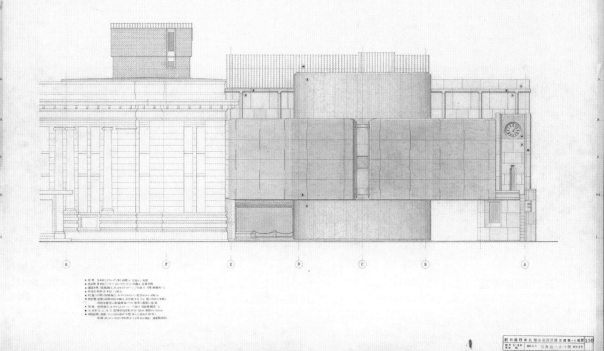

第1期　東面立面図　白井晟一研究所

第1期　3階平面図　白井晟一研究所

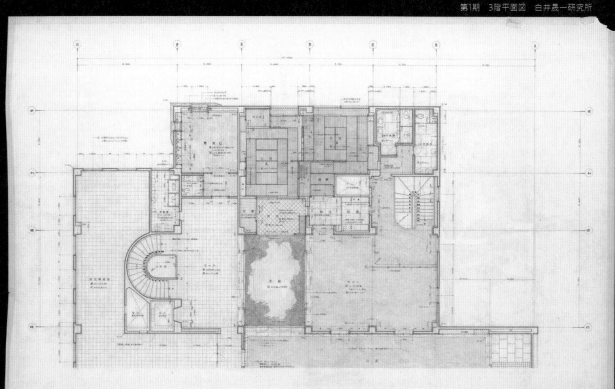

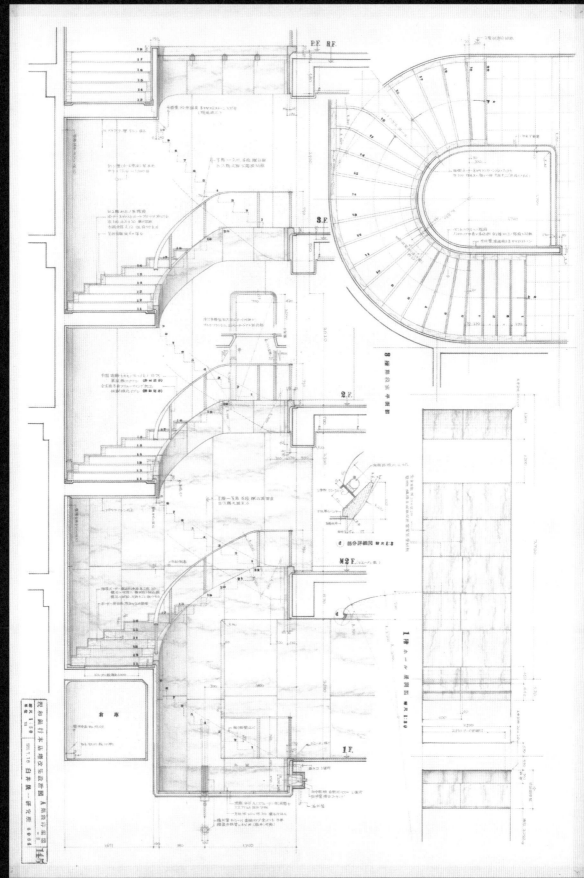

親和銀行本店第2期 Shinwa Bank, Main Branch Stage 2

1968〜70｜長崎、佐世保市（現存）Nagasaki

第2期の建築は石造の基壇にブロンズパネルで覆われた
上階がのった構成であり、旧銀行の場所に新しく建築さ
れ、かつて増築部分だった第1期へのさらなる「増築」と
なっている。

内部は外観上にあらわれたコンセプトを引継ぎつつ、第
1期の3階にかつて存在した和室《影熙亭》や光庭など異
質な要素を次々に組み入れることで、さらに複雑に展開
していく。

施主だった2代目頭取の北村徳太郎は第1期の建物が竣
工したのちに亡くなり、第2期から後は北村の跡を継い
で4代目頭取となった坂田重保が建築工事を先導していっ
た。ひとりの建築家が10年以上の長きにわたって設計
を手掛け、「増築」を加えつづけてゆくことはかなり稀有
な事例である。親和銀行の建築は、北村と坂田というふ
たりの志を持った経営者からの継続的な支援があったか
らこそ成立したプロジェクトだった。

定価
2,970円
10%税込

補充注文カード

貴　店　名

部数｜部

書名｜発行所

白井晟一入門

青幻舎

編者

渋谷区立松濤美術館

9784861528712

ISBN978-4-86152-871-2

C0052 ¥2700E

定価 2,970円
（本体2,700円）

上｜写真：1階第1営業室
下｜写真：柱越しに第1営業室を眺める
右頁上｜写真：3階光庭
右頁下2点｜写真：3階露地、客室

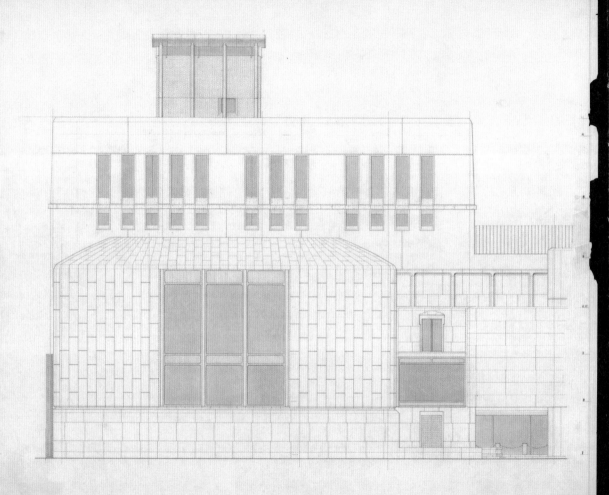

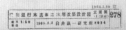

第2期　東面立面図　白井晟一研究所

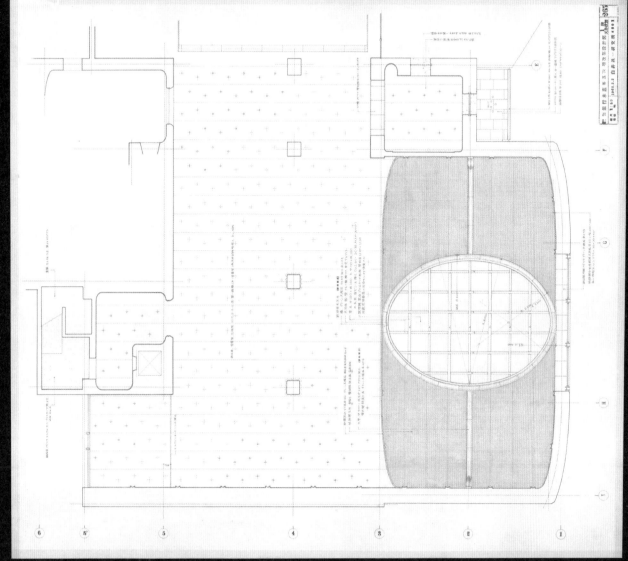

第2期　1階天井伏図　白井晟一研究所

上｜写真：北側全景と佐世保の街並み
右頁上｜写真：正面外観　右頁左下｜写真：西側外観　右頁右下｜写真：東側外観

親和銀行本店第3期 電算事務センター（懐霄館）
Shinwa Bank Computer Center (Kaishokan)
1973〜75｜長崎、佐世保市（現存）Nagasaki

親和銀行の第2期工事が終了したさらに5年後、先に出来上がっていた第1期・2期の背後に、高くそびえる塔が竣工した。これが「懐霄館」と呼ばれる、《親和銀行電算事務センター》である。裏手に残されたわずかな敷地を活用するために背後の山を国有地ぎりぎりまで削り、内部に巨大なコンピューターを収めるためのスペースを確保した。

割肌の諫早石を積み上げた外壁は、側面から正面中央にある細長い裂け目の内側にむかって、曲面を描きながら食い込んでいく。内部には水を湛えた池を囲む吹き抜けのロビーがあり、そこに敷かれたロイヤルブルーの絨毯には、水しぶきのような不定形の模様がひろがる。

建築としての主な用途は銀行業務のための作業スペースであるにもかかわらず、室内に噴水池を引き込んだ10階サロンや、北村徳太郎と白井で収集したロシアイコンのコレクションルーム、そして11階の佐世保湾を望む展望室など、単一の目的には集約しえない異質で多様な空間が折り重なるように配される。建築作品として客観的かつ網羅的に記述しようとしても、すべてが意味の体系を欠いて雲散霧消する。この特異な建築は、だからこそ多くの言語表現の挑戦を呼び寄せてきた。

上｜写真：吹き抜けホールを上から眺める
下｜写真：吹き抜けホール

上｜写真：11階展望室
下左｜写真：中庭
下右｜写真：11階展望室

上｜写真：集会所ホール　右頁｜写真：吹き抜けホール

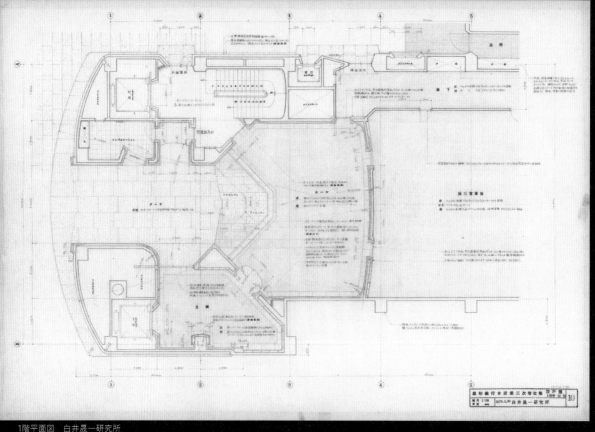

1階平面図　白井晟一研究所

3階平面図　白井晟一研究所

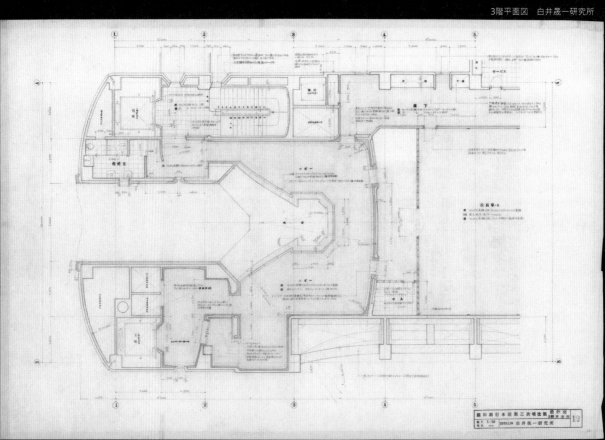

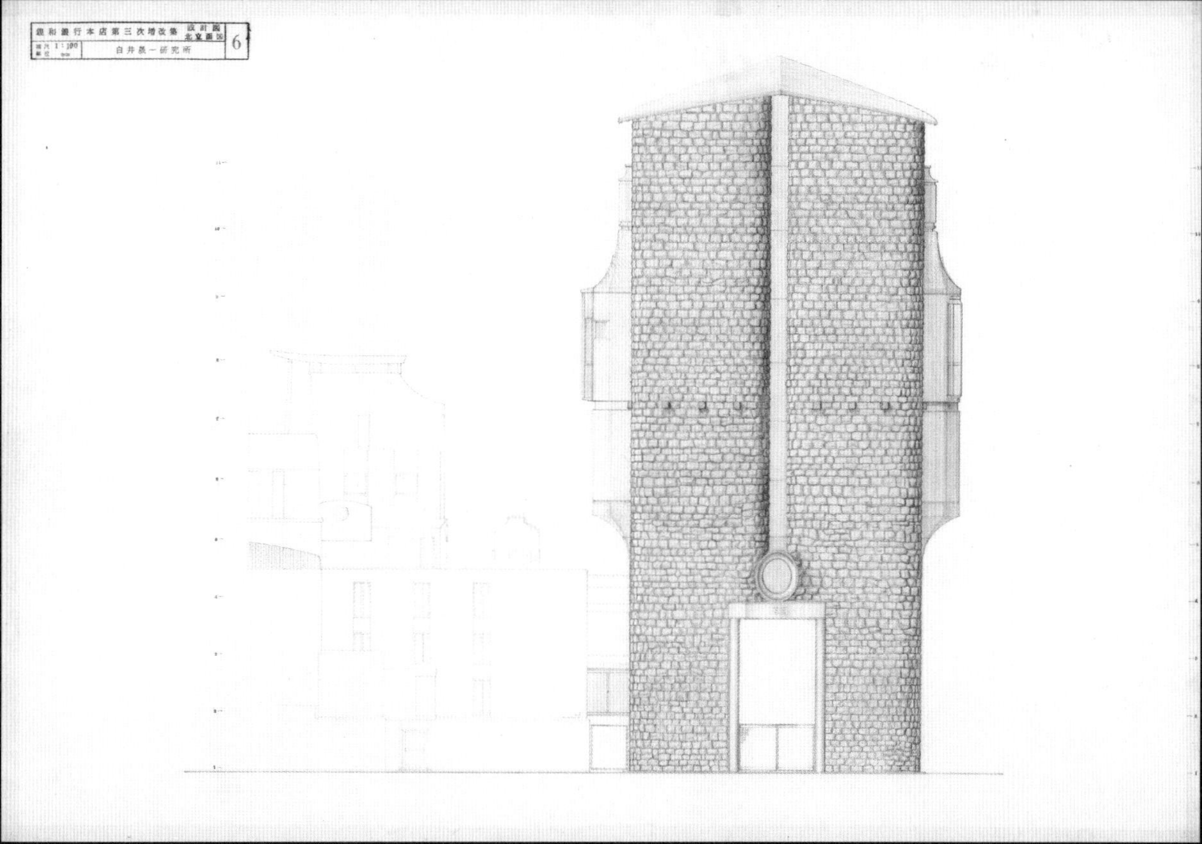

北側立面図　白井晟一研究所

白井晟一と長崎

長崎県美術館学芸員　川口佳子

　白井晟一の代表作の一つとして語られる、親和銀行本店[1]。今から54年前に第1期工事が終わり、最初の姿が現れて以来、この建築はさまざまな言葉でその魅力を語られてきた。評論の多くは、モダニズム建築としてくくられる戦後建築史のメインストリームを体現する作品ではないものの（であればこそむしろ）、その独自性や精神性、空間構成のディテールなどを高く評価するものである。ところでそんな建築が、その拠ってたつ「地域」において果たした役割とは一体何であったのか。筆者はこのことに関心を持っている。その一端を、ここで明らかにすることを試みたい。

1. 白井を招いた人、北村徳太郎

　親和銀行本店の所在地、長崎県佐世保市は1886（明治19）年、政府による軍港設置が決定されて以来、急速に成長した地方都市である。とりわけ日清・日露戦争において、中国大陸への前進基地として大きな役割を果たした。軍港都市としてのインフラの整備や市街地の形成が進み、人口は増加の一途をたどり、商工業も急速に発展する。1918（大正7）年、親和銀行の前身である佐世保商業銀行は、地域の歴史上稀にみる好況の中で設立された。

　キーパーソンとして語るべき人物がいる。親和銀行の頭取および会長を務めた、北村徳太郎（1886〜1968年）。のちに、親和銀行建築の一連の設計を白井に依頼した人である。京都府出身の北村は、1921（大正10）年、当時勤めていた神戸の鈴木商店がその大株主であったという関係で、佐世保商業銀行に取締役として招かれる。そして銀行経営上の改革を次々と行った。例えば、他行との競合を避け独自の経営方針を開拓するため、当時は危険と言われた炭鉱業や漁業への融資を行う。また、和服に角帯であった行員の服装を、洋装へと変えた。窓口に来る客を尊

重し、いかに複雑な手続きであっても待たせない「五分間主義」を早くから掲げたのも彼である。さらに1926（大正15）年に完成した本店（白井による親和銀行本店の前身の建物）の計画にも携わる。そこには「仕事を通して佐世保の人たちにサービスするように、建物でも佐世保の人たちにサービスしなければならない」との考えがあったといい、新店舗にはホールを設け、市民向けの経済講座や夏期学校、コンサートなどを催し、盛況を博した。こうした地域の文化振興に携わる姿勢は、美術コレクションの形成や郷土史に関する書籍出版など、戦後の同行の文化事業に受け継がれていくことになる。1939（昭和14）年、佐世保銀行との合併に伴い「親和銀行」が誕生。北村はその2代目の頭取となる。さらに戦後に国政に出てからは、会長職に就いて同行を支えた。運輸大臣と大蔵大臣を歴任し、日本の戦後復興に大きな役割を果たしている。

　以上は、北村の多様な業績の一部である[2]。銀行経営や政治を通して地域・国への「奉仕」に努めたとも総括できる、ひたむきなその姿勢は、クリスチャンとしての信仰に支えられてもいたようだ。北村から白井に任された設計の仕事が、おのずからふつうの店舗設計以上のものであった、というのは想像に難くない。白井は北村より「百五十坪ばかりの空地に多少公共的意味をもったモニュメンタルなものを[3]」と依頼されたそうだが、その言葉の意図は、建築が佐世保市民の文化的拠点となることへの期待であっただろう。4代目頭取の坂田重保（1898〜1984年）もそうした展望を共有し、建築を完成へと導いた（坂田もまた、郷土史の発掘顕彰事業等に力を注いだ人物であった）。

2. 白井における、地域へのまなざし

　ところで佐世保市は、太平洋戦争をはさんで激動

の歴史を経験した。大規模な空襲、終戦後の国外か
らの引揚者の受け入れ、海軍解体による経済基盤の
喪失、連合国軍の進駐、そして旧海軍施設を活用し
た「商港」としての再出発。1960年代、地域は再
びようやく豊かな時代を迎えようとしていた。
1961（昭和36）年、親和銀行は長期経営計画書をま
とめる。自らを「個性のゆたかな地方銀行」と位置
づけ、地域社会への奉仕と、そのための創意の重要
性を強調した。これを裏付けるかのように、同行は
客の待ち時間を減らすユニットシステムの徹底、現
金送受や通信を合理化するメールカーの導入、職員
のための研修課の創設など、先見的な経営手法を
次々と打ち出した(4)。

　このようななか、1961年に白井に本店設計が依
頼され、1966年に施工に入る。3回の工期を経て、
1975年に完成した本店建築は、本館2棟と別館とい
う、3つの建築の集合体となった。また、日本建築
学会賞、建築年鑑賞、毎日新聞芸術賞、建築業協会
賞などを受賞した。

　ジャーナリズムを賑わせる存在であったこの建築
は、同時に、一つの銀行建築としての歩みを始め
た。おそらく地域において、かなり個性的で特別な
存在と捉えられたはずである。1967（昭和42）年、
第1期工事を終えた新しい本館での営業開始を伝え
る地方紙には、「すっかり形を変えたモダンな建物
に訪れる人もびっくり。工夫を凝らした壁、色つき
の石などすばらしいふんい気にみんなも感心してい
た(5)」とあり、人々の反応の一端が想像できる。と
ころで、白井と親しかった人の中に、美術評論家の
針生一郎がいる。彼の1969（昭和44）年の評論の中
には、人々を驚かせたこの建築について語る白井の
言葉を、生き生きと切り取った部分がある。

　「『ぼく（白井）としてはあそこ（親和銀行本店内部の客

だまりや階段）にかなり質の高いものをだしているつ
もりだ。だから、街の人びとがすぐなじめるとは思
わないし、すぐなじまれてはむしろ困る。だが、
10年か20年たって、あの建築が佐世保の生活に根
をおろしてしまえば、銀行なんだけど何か心の安ま
るものとなってくれるんじゃないか。ムリして自動
車など買うくせに、ひどい家具で満足しているよう
な日本人の生活が、このままでいいとは思えない。
最高のものをあたえ、知らせれば、人間の中身まで
変わってくるんだ。あの営業室の床にじゅうたんを
敷いたとき、銀行側は魚屋や漁師が下駄ばきでやっ
てくるからと反対したので、ぼくはこういってやっ
た。バカをいえ、そういう客がくることこそのぞま
しい。じゅうたんはよごれたら代えればいい。利益
はすべて客に還えしなさい、とね。（中略）』かれ（白
井）はたまたまお茶をはこんできた奥さんに、佐世
保の人びとが銀行のなかにとけこんでみえたそうだ
よと、いたわるように、また自分自身にたしかめる
ようにつたえた(6)。」

　佐世保の人々がすぐに「なじむ」ことがあっては
困るほど高いレベルのものを、建築として提示した
という白井の強い自負が伝わってくる。建築家らし
いお仕着せも少々含まれた、地域に向けた暖かく親
密な眼差しが、ここにはある。
　親和銀行本店の内部空間は、極めて特異な感覚を
人々に与えることで知られる。例えば、室内におけ
る明暗の対比、天井や床の高低差、適した建築素材
の使用とその入念な仕上げ、厳選された家具とその
配置といった、空間構成のあらゆる要素に一切の妥
協がない。さらにそれらの集積によりドラマチック
に空間が展開するさまに、人々は大いに驚き、魅了
されてきた。そこに通底するのはおそらく、建築家
の「好み」や「情念」といった恣意的なレベルのも

のではない。「最高のものをあたえ、知らせれば、人間の中身まで変わってくる」という言葉に表れるような、人とその生活、そして文化の啓蒙をめざす社会的な信念であろう。文化的辺境という意味を伴ういわゆる「地方」の建築であり、かつ公共的空間としての銀行建築であればこそ、白井の建築思想の中のそうした側面が色濃く表れ、空間をより特別なものにしているのだと思われる。

　このような白井の設計姿勢は、依頼者の北村徳太郎の姿勢、そして当時の親和銀行の姿勢とも、一定の重なりがあることに気づかされるだろう。つまり、創意を尽くして地域文化の振興に最大限に寄与することを目指した、という共通点である。親和銀行本店は彼らの信念の結晶としての建築であり、時代を超えてそれを伝える「モニュメント」の役割を果たしているはずだ。「多少公共的な意味をもったモニュメンタルなものを」という、この建築を最初に望んだ北村の一言は、有意義に実を結んだと言える。この壮大なモニュメントは、半世紀もの間、銀行の業務上の必要に迫られたあまたの改修を伴いつつ、着実に守られてきた。今後果たしてどのように、次世代の銀行に、そして地域に渡されることになるのだろうか。この建築の意義についてあらためて考え論じることが、求められている。

北村徳太郎肖像写真
（『親和銀行人物百年史』より転載）

親和銀行本店のファサードを覆うアーケードの屋根が一時的に取り払われた際に撮影された、貴重な全景写真（撮影年不明、株式会社十八親和銀行所蔵）

註

1　2020年に行われた銀行の合併により、本建築は「十八親和銀行佐世保本店」と改称された。本稿においては、竣工以来建築史で一般的な呼称「親和銀行本店」に統一する。
2　主に以下の資料を参考にした。深潟久『親和銀行第十四号　親和銀行人物百年史』親和銀行済美会、1984年／高見澤潤子『永遠のあしおと―真実な神に出会った人たち』主婦の友社、1976年
3　白井晟一『無窓』晶文社、2011年
4　峯泰編『親和銀行三十年』親和銀行、1972年
5　『長崎時事新聞』1967年10月24日
6　針生一郎「白井晟一論　観念の骨格と情念の深淵と親和銀行本店を中心に」『SD』56号、1969年7月（括弧内の補足および下線は筆者による）

上｜写真：前面道路から見た門扉

虚白庵 Kohakuan (Shirai Seiichi Residence)

1967〜70｜東京、中野区（現存せず／2010年解体）Tokyo, Demolished (2010)

《滴々居》の解体後、同敷地に建てられた白井晟一の自邸である。白井はこの住宅で陽が沈むころ起床し、朝日と共に床に就く生活を送った。当時から目白通り（別名、十三間道路）と呼ばれる大型の幹線道路に面しており、《虚白庵》が構想された高度成長期には、次第に交通量が増え、騒音や排ガスによる環境悪化が懸念されるようになっていた。

《虚白庵》の名が表すのは室内空間よりもむしろ白砂が敷かれた中庭である。この庭の一隅には10年ほどの時期のあいだに枝垂桜、立方体の黒御影石、コリント式の柱頭、枝垂梅など様々なエレメントが入れ替わりながら配置され、構成された。

対する室内空間は庭と同じレベルの床面とし連続性を保つ一方、床下に防振ゴムを組み入れ床面には厚い絨毯を敷き詰めること

で大通りの騒音や振動を遮断した。周囲の音環境との切断は、《親和銀行東京支店》（1962〜63年）のバンキングホールや《渋谷区立松濤美術館》（1978〜80年）のベルベット張りの2階展示室などでも意識され、後期の白井作品を性格づける要素となっている。また、ブラジリアン・ローズウッド、ブロンズ色のガラス扉、磨かれた黒御影石の床、ベルベット張りの壁など全体的に暗色で覆われた空間は反射光を吸収し、天井からの弱い照明は空間を構成する西洋女性の彫像や家具など、調度品の数々を暗闇に浮かび上がらせたという。

参考：白井昱磨「解説 白井晟一の自邸建築」『白井晟一の建築III 虚白庵と雲伴居』2014年

昨雪軒 Sakusetsuken (private residence)
1968〜71｜秋田、横手市（現存）Akita

《横手興生病院》(1956〜70年) の設計にたずさわった縁
で、近隣の山裾に設計された住宅である。前面道路か
らの人目を門屋によって遮蔽し、その内側に二段になっ
た前庭が配される。この白砂と岩による枯山水の庭を
左側からぐるりと回りこみ、さらに建物内の黒御影石
が敷かれた薄暗いポーチを通って玄関にいたる。一見
すると木造和風建築に見えるこの建物は、雪国という
面を配慮して実際には鉄筋コンクリート造である。
当初は瓦葺だった屋根は雪の対策のため後から軽量な
銅板に葺きなおされ、この現場工事と屋根の再デザイ
ンは白井晟一事務所を退所した大村健策が担当してい
る。軒端が下へ向かってゆるやかに曲げられており瓦
葺とは趣が異なるものの、事務所時代には隠されてい
た大村の美意識の一端をここから読み取ることができる。

尻別山寮

Shiribetsu Sanryo (company resort
facility and dormitory)

1971〜72｜北海道、虻田郡（現存）
Hokkaido

札幌郊外の尻別岳の麓に建てられた製薬会社
のレクリエーション施設である。白井晟一の
長男、彪介氏が社長とヨーロッパ留学中に知
り合ったことで白井晟一研究所に依頼された。
外観においては戦前の木造建築から続く切妻
型を維持しながら、レンガ張りの壁に選択的
に開けられた小窓などは《四同舎》などコン
クリート建築との類似性を感じさせる。
室内天井の木の仕上げや2階部分のみにあら
われる十二角柱、または手摺の鍛造風の金属
加工などは1974年に竣工した《サンタ・キア
ラ館》と同様、ロマネスク建築や西洋中世の
手工業のような意匠が活かされている。

上｜写真：内観　ガレリー
下｜写真：内観　シュトゥーベ入口
右頁｜写真：東側外観

上｜写真：南側外観
右頁上｜写真：東側外観　右頁下｜写真：西側外観

サン・セバスチャン館 St. Sebastian Hall
1971〜72｜茨城、日立市（現存）Ibaraki

白井晟一の長男、彪介氏が茨城キリスト教学園の高校に通った
ことが縁となり依頼された建築。
白井の作品では比較的珍しい、コンクリート打放しに白く塗装
が施された2階建ての外観を持つ。また、全体を多角形的に構
成して、曲線部分がほとんどない。
内部へは側面の大階段を登って2階から入るアプローチが主と
なる。室内は手前側に各階4つずつ講義室があり、最奥部には
大講義室が1つ設けられている。木立を遠くに望む教室側の側
面に大きな窓が開けられることで景観が確保され、2階部分に
は庇のついたバルコニーが設けられる。これは《四同舎》(1957
〜59年)にも類似する手法といえるだろう。
ところで聖セバスティアヌスは3世紀のローマ帝国においてキ
リスト教迫害に遭い殉教した聖人である。彼は柱に縛りつけら
れ矢をうけた傷だらけの姿で図像化されてきたが、この建物の
竣工後に複数のコンクリートの構造亀裂が起こったことを知っ
た白井により、その名が付けられたという。しかし、セバスティ
アヌスが矢の傷で死ぬことはなかったように、この建物もまた
修復され、現在も学園の教室として使用され続けている。

写真：北側外観

写真：ホール

サンタ・キアラ館 Santa Clara Hall
1973～74 | 茨城、日立市 (現存) Ibaraki

《サン・セバスチャン館》の2年後に竣工した建築である。白井晟一の次男、昱磨氏が現場指揮を担当した。教室としての使用が主眼に置かれ、大教室は礼拝堂（チャペル）を兼ねることが学園から要望された。チャペル部分は外観・内観ともにレンガタイルの貼り付けで仕上げられ、建築評論家・川添登が指摘するように、ロマネスクの教会堂建築を思わせる。このチャペルは半地下に掘り下げられており、そのぶん建物の高さが抑えられて外観では小さく落ち着いた印象を与えるが、玄関からゆるやかな階段を下って内に入ると思いの外大きな空間が広がっている。空間の中には十二角の荒々しいコンクリート柱が1本立ち、これが空間の分節化を担っている。

1970年代の白井論のひとつの特性はエロティシズムや触覚論との結びつきにある。そして《サンタ・キアラ館》もまた、当時からこうした視点において語られることが多い建築であった。例えばそれはチャペル外観の量塊性や湾曲した壁に切り開かれた縦スリット、もしくは室内に設けられた木の葉型の天蓋と、その中央にある造作照明の形状にも読み取られてきた。しかし、白井の作品にエロティシズムを読み取ってきた言説もまた、機能性や社会性といった近代建築が目指してきた方向に疑念が生じたこの時代に特有な、ひとつの理解の形式だったともいえるだろう。

写真：礼拝堂

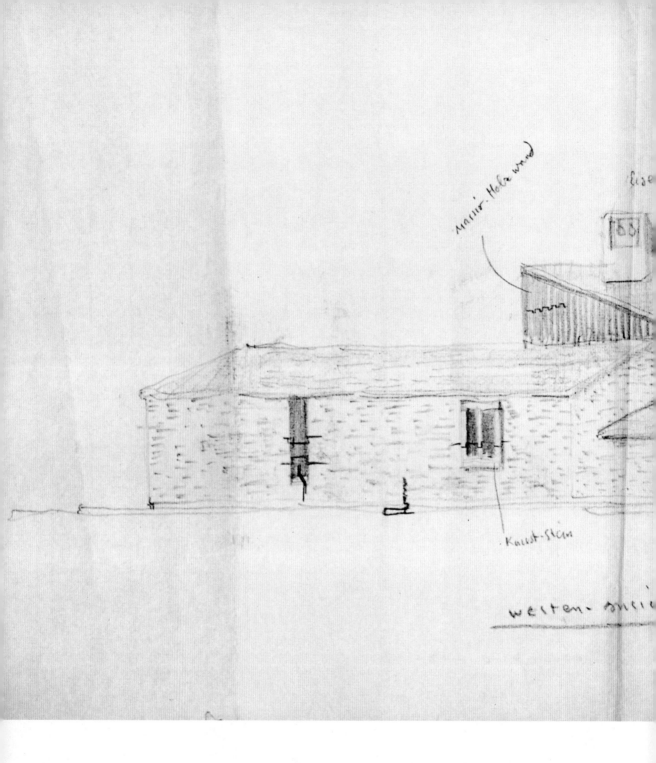

Massiv. Holz-wand

Lise

Kunst-stein

westen- ansich

Kapelle u. Seminaten-Bau

IBARAKI – Christlich-univ.

Entwürf v. schirai
arch. atelier
April – 1973

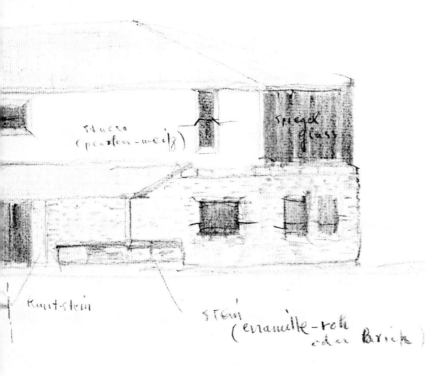

Stucco
(perlen-weiß)

spiegel
glass

Kunst-stein

stein
(emamille-rot
oder Brick)

白井晟一《サンタ・キアラ館西面スケッチ》 白井晟一研究所

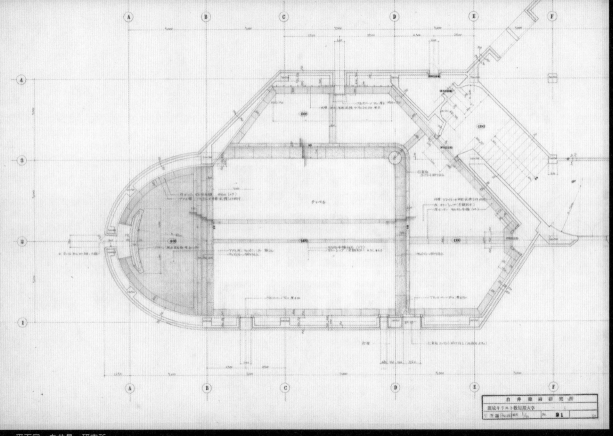

平面図　白井晟一研究所

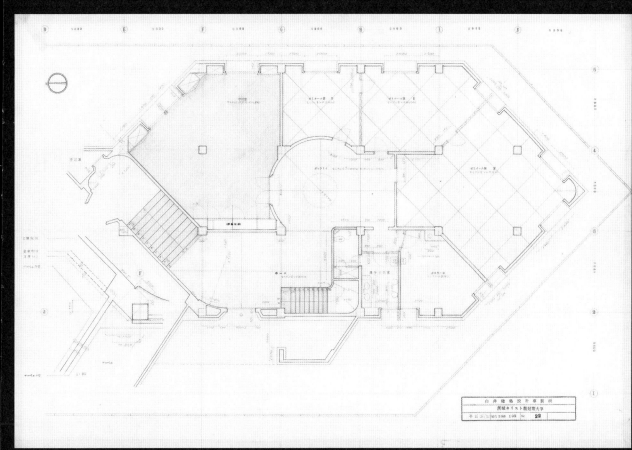

平面図　白井晟一研究所

ノアビル NOA Building

1972〜74｜東京、港区（現存）Tokyo

東京、麻布台の飯倉交差点のある緩やかな坂の頂上付近に建つ、楕円形のランドマークタワーで、1970年代における白井の代表作。3階までが赤い煉瓦による基壇、その上が硫化銅仕上げの暗褐色のパネル張りとなっており、細長いスリット状のガラス窓がランダムに配されている。15階とさほど高層ではないものの、漆黒の楕円の筒形という形状や立地もあいまって強い印象を与える。この上層部は在フィジー日本国大使館なども入居するオフィスビルとなっている。基壇部分正面に高いアーチの入口があり、ここをくぐると少しくぼんだアルコーブ状の玄関内部は壁面に黒御影石、床面に赤御影石が張られてほの暗く、対比的に上部は薄い石材を通過する光が黄金に輝く光天井となっている。「ノアビル」の名称は、ビルの施主の頭文字Nに由来して白井が名づけたものだが、どことなく聖書のノアの箱舟も連想させるところがある。白井はさらに、煉瓦の基壇部分に壁龕を設け、顔に「N」の字を刻んだ像を設置した。かつて日本の峠や村の入口には石地蔵が祀られていたことに因んだものというが、この「ノア地蔵」の存在が、ビルに不思議な土俗性や神秘性を付与している。

下｜写真：入口ホールと天井

永続する空間をもとめて

Conclusion —— The 1970s and '80s: In Search of an Enduring Space

1972年、当時の首相・田中角栄の日本列島改造論が掲げられた頃、反対に建築家の磯崎新は「もう何も作れなくなった」と語っていた⁽¹⁾。オイルショックに端を発する経済不況が翌年に待ち構える時代状況で、この言葉は予言のように響いていた。70年代は、高度経済成長の停滞や公害問題の発生によって、進歩や発展をスローガンとする近代建築の矛盾が明らかになるところから出発した。その後の80年代には、情報技術の発達によってバーチャル空間が力をもつようになり、仮想性やユートピア性を帯びた東京ディズニーランド（1983年に開園）などのテーマパークが建設されるようになっていくが、これも現実の発展が行き詰まりをむかえていたことと無関係ではない。いわば時が停止した、空想のなかの不変な空間へと資本が注入されていった。なお意外なようだが、白井はディズニーランドの建築には比較的好意的だったときく。

こうした1980年代にさしかかる頃白井晟一が取り組んだ作品の中では、ふたつの美術館を代表に挙げることができるだろう。当館、《渋谷区立松濤美術館》（1978〜80年）と、『石水館』こと《静岡市立芹沢銈介美術館》（1979〜81年）である。ふたつの美術館は、渋谷の狭小な住宅地と、登呂遺跡の側に位置する広大な公園という対照的な敷地条件を持っており、一見すると対照的である。しかし、中央の水源をとり囲む回遊性のある展示室や、韓国ソウル近郊の石切り場からもたらされた紅雲石の石積み、オニキスを用いた光天井など、類似する要素も少なくない。また、こうしたディテールの集積は、幻想的な空間へと人々を誘う。

計画案も含めれば、白井はこの時期、「N美術館計画」（1978年）や「北村徳太郎美術館計画」、「M美術館計画」（ともに80年）といった、複数の展示施設を立案している。展示施設は1950年代から断続的に構想され続けてきたものの、とりわけ80年前後に美術館が集中して計画されており、その中でも《渋谷区立松濤美術館》と《静岡市立芹沢銈介美術館（石水館）》は、白井にとって初めて実現した美術館建築だったのである。

1983年、白井晟一は建設途中だった《雲伴居》の現場で倒れ、その3日後に死去した。

白井晟一があとに残した2つの美術館は今年、40周年を迎える。両者はまさに時が停止したかのように、最初に白井晟一が創り出した幻想空間を、未だに内包し続けているのである。

In 1972, around the time that Prime Minister Tanaka Kakuei announced his "Plan for Remodeling the Japanese Archipelago," the architect, Isozaki Arata responded by saying, "It's impossible to make anything anymore."⁽¹⁾ The economic stagnation that stemmed from the oil crisis grew even worse the following year, making Isozaki's statement resonate like a prophecy. Due to the stasis of Japan's high-growth economy and the outbreak of environmental pollution, it became clear that there was an inherent contradiction in modern architecture's championing of progress and development. Subsequently, in the '80s, virtual spaces grew more significant following advances in information technology, and a number of theme parks, such as Tokyo Disneyland (opened in 1983), which were tinged with a virtual, utopian quality, came to be built. However, these trends also played a part in the fact that actual development came to a standstill. In effect, time came to a halt and capital was injected into visionary immutable spaces. Although it might seem strange, Shirai was apparently quite partial to the architecture at Disneyland.

Shirai's own notable activities during the early '80s include two museum designs: the Shoto Museum of Art (1978-80) and the Shizuoka City Serizawa Keisuke Art Museum (1979-81), also known as the Sekisuikan. At first glance, the two facilities seem to have little in common due to the disparate site conditions. While the Shoto Museum is located in a small residential area in Shibuya, the Shizuoka facility is situated in an expansive park next to the Toro Ruins, an ancient archaeological site. In fact, there are a number of similarities between the two, including galleries that enable visitors to make their way around a central water source, masonry made with *kounseki* granite from a quarry in the suburbs of Seoul, Korea, and luminous onyx ceilings. Moreover, the accumulation of these details entices people into the fantastic spaces.

If we also include Shirai's design proposals, we find that the architect drafted plans for a multitude of exhibition spaces during the period, including the N Museum Plan (1978), Kitamura Tokutaro Commemorative Museum Plan, and M Museum Plan (both 1980). Although Shirai had intermittently designed such facilities since the 1950s, he began to concentrate on museum plans around 1980. The Shoto Museum and Sekisuikan were the first museums he designed that were actually realized.

In 1983, Shirai collapsed while visiting the site of Unpankyo, a study intended for the architect, which was then under construction. He died three days later.

The two museums that Shirai Seiichi left behind celebrate their 40th anniversary this year. Both facilities still contain the fantastic spaces that Shirai originally created, as if time had stopped.

Note
1　Isozaki Arata, "Anti-Architectural Notes," *Kenchiku bunka*, April 1972.

註
1　磯崎新「反建築的ノート」『建築文化』1972年4月号

渋谷区立松濤美術館 The Shoto Museum of Art

1978〜80 | 東京、渋谷区〔現存〕Tokyo

1979〜80年に建設され、81年に開館した《渋谷区立松濤美術館》は、同年に開館した《静岡市立芹沢銈介美術館》とともに白井の晩年の代表作に位置付けられる。土地には渋谷区の元土木事務所跡地があったが、跡地にふさわしい施設を検討するうち、初の区立美術館としての構想が進み、実際には板橋区立美術館（1979年）に次ぐ2番目の区立美術館として開館した。白井は唯一の建築家として、専門家8名による建設準備懇談会に加わったが、この中に神奈川県立近代美術館の館長・土方定一がおり、同美術館は当時「近藤浩一路展」（1978年）を開催準備中であったことから白井と交流があったと思われる。住宅街という制約から高層の建物がつくれないこともあり、地上2階、地下2階の4層構造となり、この中に2つの展示室、ホール、茶室、制作室などの多様な施設が配されている。中心に大きな吹き抜けと下部に噴水を設け、どの階もこ

の池側のガラス窓から採光できる工夫をした。地下1階の展示室は2階分の空間を使用し限られた面積の中で広がりを演出する一方、2階展示室ではベルベットの壁布に、通常美術館の壁にはあまり用いられないローズウッド材の梁や柱などを配し、居室風の内装となっている。この2階はサロン・ミューゼと呼ばれ、開館当初は展示室内に喫茶室もそなえていた。白井が命名した「紅雲石」の石材を使用する美術館正面も、円弧に引き込み前庭を演出するなど、空間への工夫が随所に見られる。

意外なようだが白井の設計、指揮によって実現に至った美術館建築は2館のみであり、白井は「私の全力をだし切った」（『朝日新聞』1978年7月17日）と語っていた。彼が残した計画案の中にいくつもの美術館のプランがあったことを考えると、最晩年についに実現した夢の建築であったといえよう。

写真：ブリッジ

写真：地下1階展示室

写真：南西側正面

上｜写真：2階エレベーターホール
下左｜写真：1階エントランスホール　下中｜写真：螺旋階段　下右｜写真：螺旋階段より上階を眺める

写真：2階特別陳列室よりサロン・ミューゼを眺める（1981年頃）

上｜写真：館長室　下｜写真：地下2階茶室
右頁｜空撮写真：渋谷区立松濤美術館と街並み（1981年頃）

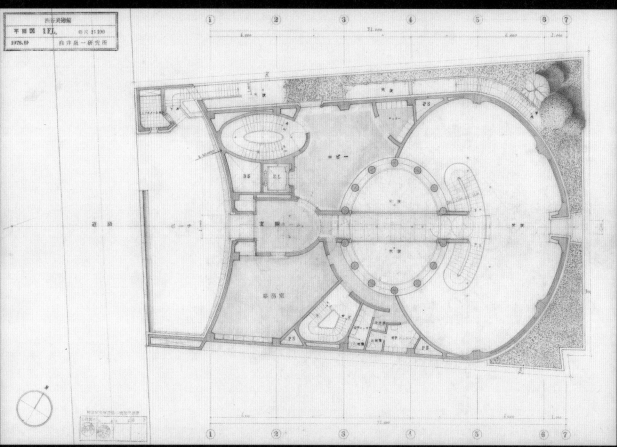

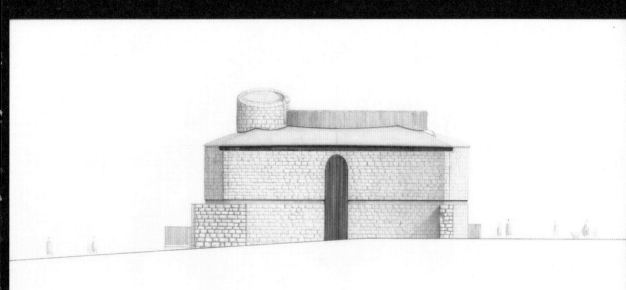

立面図　白井晟一研究所

静岡市立芹沢銈介美術館（石水館）
Shizuoka City Serizawa Keisuke Art Museum (Sekisuikan)
1979～81｜静岡、静岡市（現存）
Shizuoka

民藝運動に携わった染色家・芹沢銈介（1895～1984年）の作品と、彼のコレクションを収める美術館として1981年に開館した。群馬で白井と親交を結んだ建築家で工業デザイナーの水原徳言、デザイナーの柳宗理や編集者の瀬底恒の推薦などもあり芹沢へと人脈がつながったとされるが、白井が建築家に選ばれるまでのはっきりとした経緯はわからない。

白井は、敷地として決定した登呂遺跡を「かけがえのない共同体の遺産」であると考え、遺跡とゆるやかに関係づけられた、大地に横たわるような平屋建ての建築を計画した。

天井のナラ材は木工家、早川謙之介（1938～2005年）による名栗加工が全面に施され、ほかにも外壁に用いられた紅雲石の割肌や黒御影石の磨き仕上げなど、天然素材をあつかう職人の手仕事が全体の性格を方向づけている。芹沢と白井の間には計画の進行中から確執があったことが一部で知られ、白井自身もかねてより民藝に対する批判を公言してきたが、建物を見る限りにおいて、自然素材の使用や職人仕事の尊重、素朴な美など、民藝と白井に共通する要素は少なくない。

上｜写真：D展示室
下左｜写真：G展示室天井
下右｜写真：D展示室柱頭

左頁｜写真：E展示室よりJ展示室を眺める
右頁｜写真：D展示室小池（噴水）

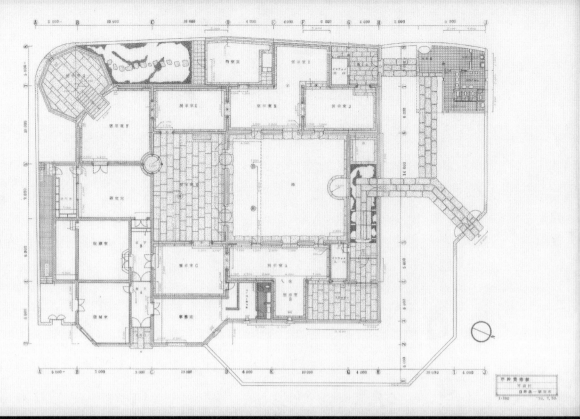

平面図　白井晟一研究所

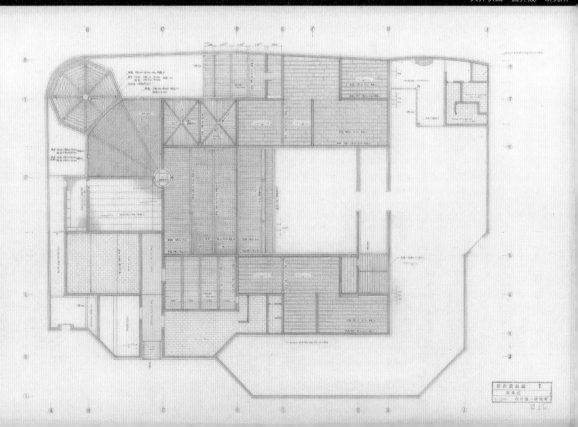

天井状図　白井晟一研究所

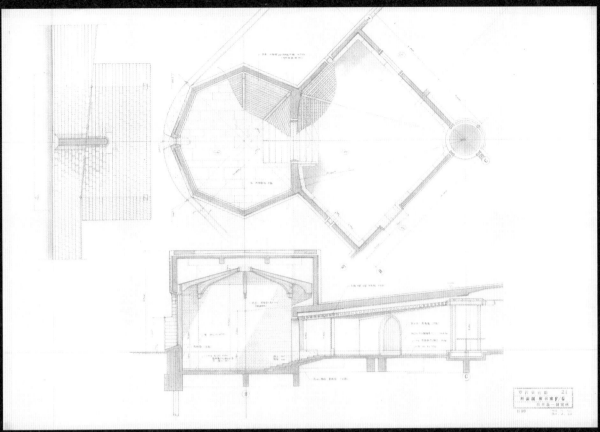

断面図（展示室 F/G） 白井晟一研究所

白井晟一《平面スケッチ（石水館か）》
白井晟一研究所

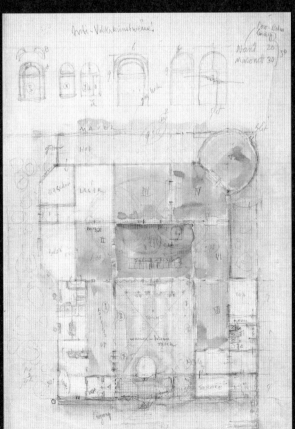

静岡市立芹沢銈介美術館（石水館）について

静岡市立芹沢銈介美術館館長　白鳥誠一郎

静岡市駿河区登呂にある静岡市立芹沢銈介美術館（以下、芹沢美術館）は、渋谷区立松濤美術館（以下、松濤美術館）と同じく、建築家・白井晟一の設計による美術館である。1979（昭和54）年12月19日に起工式が行われ、およそ1年半後の1981（昭和56）年5月11日に竣工式、そのわずか1か月後の同年6月15日に開館式が行われて開館した（翌6月16日から一般公開）。一方、松濤美術館は、1978（昭和53）年12月21日に着工、1980（昭和55）年5月8日竣工、1981（昭和56）年10月1日に開館。松濤美術館の方がほぼちょうど1年早く着工、竣工したが、1年5か月の準備期間があったため、芹沢美術館より約3か月半遅れて開館したことになる。白井晟一が設計して実現した美術館はこの2館のみだが、着工年は異なるものの、結果的に同じ1981（昭和56）年に開館、共に今年2021（令和3）年にめでたく開館40年の節目を刻んだ。このことは意外に知られていないかもしれない。白井晟一は、両館の開館から2年後にあたる1983（昭和58）年11月に78歳で逝去したため、この2館は、白井の年譜のなかでも最晩年の仕事にあたる。松濤美術館と芹沢美術館は、美術館建築としては姉妹館に近いが、思えばあと10年でいよいよ開館50年を迎えようとしている。現代建築史の観点からいっても興味深い実例といえるのではないか。

当然のことながらこの2館には共通点がある。何より外観は、韓国産のピンク色の御影石「紅雲石」（白井の命名）の割肌野積で、仕上げの荒々しさの中にも、石の持つ素朴な明るさが感じられる。紅雲石は、ビシャン仕上げ、本磨きと仕上げを変えて館内のアーチ、ボーダー、巾木などにも使われている。また両館とも、池と噴水が中央部に位置し、その周囲に展示室が配されている。館内の什器として、デ・セデ社の革張りソファや、ノール社のバルセロナチェアが使われている点も挙げられよう（いずれも松濤美術館は黒、芹沢美術館は白）。

共通点がある一方、この2館の印象はむしろ、よほど意識しなければ同じ建築家の設計と思われないほど、違いが大きいかもしれない。そもそも美術館の立地条件や設立経緯からして大きく違い、松濤美術館は渋谷駅から徒歩15分、渋谷区松濤の高級住宅地に建てられた美術館である。敷地面積は約1,000平米、渋谷区の教育文化の向上を目的とし、当初は収蔵品を持たない美術館として出発した。一方で芹沢美術館は、弥生時代の遺跡として、かつては全国的な知名度を誇った登呂遺跡公園の一角にあり、敷地面積は約3,800平米、静岡市名誉市民でもある芹沢銈介から寄贈を受けた多数の収蔵品を保管・展示する、記念館的な美術館として建設された。特に2館の立地条件の違いは、それぞれの建築の構想に直結していて、松濤美術館は、敷地面積と高さ10mの制限をクリアすべく、地上2階、地下2階の4層からなる。中央には卵型の曲線を描く池と噴水があり、池のある空間はシリンダー状のガラス張りで全層を貫き、同じ形の空を切り取っている。この美術館に一歩踏み入ると、周囲から隔絶された濃厚な建築の世界観に満たされ、どの角度から見ても洗練された感覚に出会う。一方、芹沢美術館は登呂遺跡公園の雰囲気に馴染むように平屋建てとされた。青い玄晶石が敷かれた池はやや奥行きのある長方形で、登呂の広い空を逆さに映し、噴水の音も空に放たれている。動線をいったん外れる二つの個性的な展示室を除けば、池の周囲に配された長方形の展示室で構成されており、天井は全館にわたって楢の無垢材で張られている。その張り方や天井高、また床面の上下によって各室に変化が生まれ、外観から想像できない拡がりが感じられる。石、木、水という天然の素材が前面に押し出されていることもあり、松濤美術館と比べ、より素朴でゆったりとした

感覚がある。この建築は、白井によって特に「石水館」と命名されている。

ほぼ同時期に建設された松濤美術館と芹沢美術館。白井晟一が手掛けた二つの美術館をめぐることで、白井建築の魅力をより深く体験できるに違いない。

さて、芹沢美術館について、もう少し詳しく触れておきたい。静岡市出身の染色家・芹沢銈介（1895～1984年）は1976（昭和51）年に文化功労者となり、同年11月から翌1977（昭和52）年2月にかけてフランス国立グラン・パレ（パリ）で日本人初の個展を開催した。1997（昭和52）年2月、芹沢は、郷里の静岡市に自らの作品と収集品を寄贈することを申し出、これを受けて市側は美術館建設に取り組むことになった。美術館の建物について、芹沢からは「いわゆる民芸的な建物は避けたい」という希望があったが、結局芹沢の知人の仲介があり、白井晟一に依頼された。

白井は芹沢のちょうど10年年下にあたるが、それ以前、二人に接点はなかったようだ。染色家として知られる芹沢だが、実は倉敷市の大原美術館工芸・東洋館の内外装をデザインしている。1961（昭和36）年、1963（昭和38）年、1970（昭和45）年の3回に分けて落成し、最終的に中庭を囲むコの字型の展示館として完成した。特に1970（昭和45）年に開館した東洋館には、石材がふんだんに張られた石窟のような趣のある部屋がある。重厚な鋳鉄と無垢材を用いた力強い手摺りの造形もこの館の見どころであるが、そうした芹沢自身が設計した東洋館の雰囲気は、一脈、白井晟一の建築と通ずるところがあるようにも思われる。

1978（昭和53）年6月20日、芹沢と白井は、美術館が建設される登呂公園で顔を合わせているが、その際一言も言葉を交わさなかったといわれる。芹沢は

「白井君もやりたいことがあるのだろう。作家である以上、僕だって途中でとやかく言われるのはいやだ」との考えから白井に対して何も注文はせず、建築のすべてを一任した。しかし完成してみると様々な点で意に染まず、強い不満をもらしてはばからなかった（秋山正「開館20周年によせて」2001年）。その一番の理由は、展示（陳列）を制作と同等に考える芹沢にとって、展示がしにくい施設であったためと聞く。建築途中から芹沢側と白井側の食い違いが目立ち始め、1981（昭和56）年5月に行われた竣工式には芹沢銈介は参加せず、また6月15日の開館式には白井晟一が参加しなかった。開館の展示は、芹沢自身が1年近い歳月をかけて構想を練り、現場でも指揮をとったが、最終的には芹沢の作品と収集品が全館にあふれんばかりに陳列された。この開館展の展示については、「展示数が多すぎるのではないか」という評が多かったようだが、86歳の芹沢の建築に負けまいとする、気迫の表れだったといわれる。

開館後も、芹沢は建物に対する落胆を知人たちへ伝えたというが、一方白井も設計が活かされなかったことについて、「いずれにせよ私は生きているうちに眼のあたり眺めなければならない廃墟をつくるほど酷薄な造形者ではなかったつもりである。」（「花の砦」1983年）と強い言葉を残した。1983（昭和58）年11月に白井が逝去し、その5か月後の1984（昭和59）年4月には芹沢がこの世を去った。

開館から40年の月日が経つ。芹沢美術館の一学芸員としては、芹沢銈介の「陳列」を引き継ぐことを最大の目標に据え、その伝統がなければ芹沢美術館ではなくなると考えて来た。一方、そのためにも白井晟一の建築に自然に調和した展示でありたいとも考えてきた。勤め始めた1993（平成5）年頃には両巨匠の衝突の余波が感じられたが、ここ15年ほどの美術館のアンケートを見ていると「作品が建物に

マッチしている」「作品もよいが、建物がまた素晴らしい」と、両者を共に評価する声が大半を占めているように思える。時間をかけて作品と建築が自然になじんできた面もあるだろうが、時代の移り変わりの中で、両者が再び「変わることのない本物」として輝きを増してきているのではないだろうか。芹沢美術館は、収蔵品（芹沢銈介の作品と収集品）も、美術館建築も、その美しさの水準においてまさに稀有のものであると思う。そのすべてが「静岡市立芹沢銈介美術館」として、世界に輝ける日が来ると考えている。

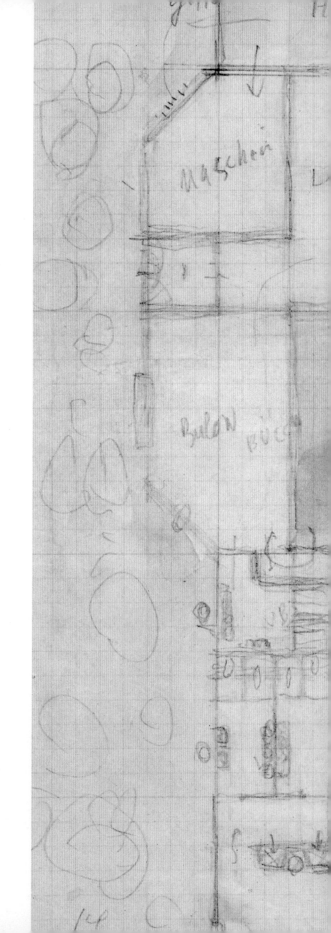

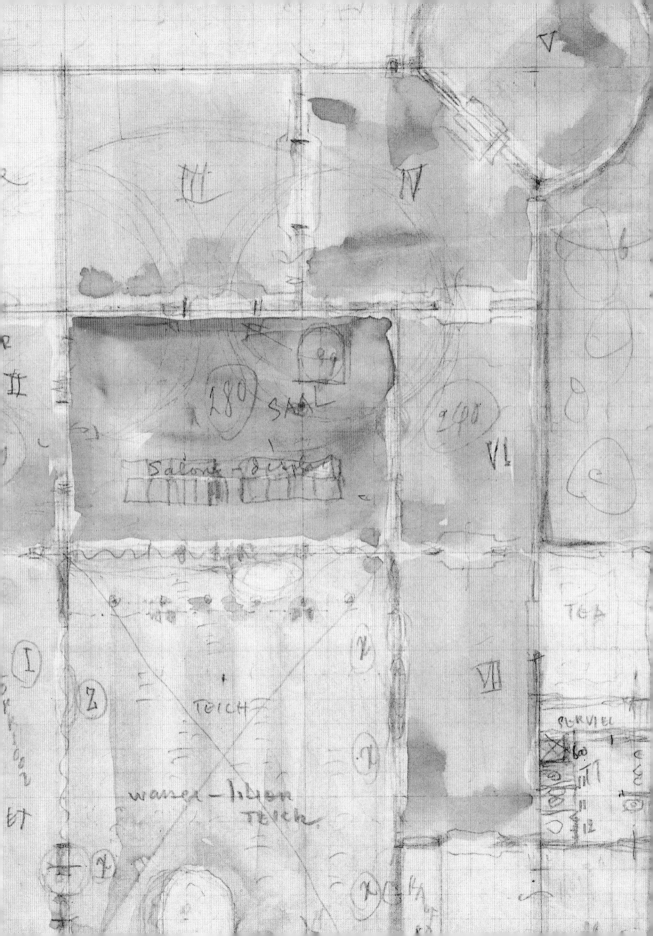

桂花の舎 Keika no Sha (private residence)

1983〜84 | 神奈川 (現存) Kanagawa

施主は画家・デザイナーとして活動する人物であり、夫人と息子を含めた3人家族のための住宅として設計された。前庭をはさんで敷地奥側、約十一間の横幅いっぱいにひろがった切妻屋根は《秋ノ宮村役場》(1950〜51年) や《土筆居》(1952〜53年) から連綿と続く白井の代表的な造形要素である。その一方、軒の低いガレージの横に印象的な細く薄暗いアプローチを設ける手法は、《昨雪軒》(1968〜71年) や《虚白庵》(1967〜70年)、《石水館》(1979〜81年) など比較的後期の建築との類似点が多いといえる。また、《桂花の舎》の木部にはすべて栗を用いており、これは白井晟一の和風住宅の中でも《呉羽の舎》(1963〜65年) に類似する。

玄関を入ると楕円形に屋根が切り抜かれた光庭が目に入り、屋根と同じ2寸勾配が三方につけられたサロンの天井には、光庭と呼応するような円形の照明が埋め込まれている。アトリエは玄関から階段を7段ほど下った半地下空間であり、床レベルが下った分だけ天井高や開口部の大きさが確保される。アトリエに必要な明るさと広さに加えて、全体を統合する屋根勾配のプロポーションが崩れないよう配慮されている。和室では、庭に面した南西部に柱なしの大開口が設けられ、前庭と室内空間が接続されている。また、壁を前後にずらすことでつくり出された庇や深い軒によって直射日光はさえぎられ、空間を開放すると同時に室内の独立性も保たれている。

現在は、ART OFFICE OZASAによって保存・活用されており、一般公開はされていない。

写真：内観　中庭越しにサロンを眺める

写真：外観

上｜写真：和室　下左｜写真：アトリエ　下右｜写真：サロン

上｜写真：外観　下｜写真：内観

雲伴居 Unpankyo (private residence)

1983〜84｜京都（現存）Kyoto

京都嵯峨野に白井の書堂として設計された住宅。しかし施主は白井自身ではなく、京都で料亭を経営する人物であった。施主の住宅の敷地内に《雲伴居》は建てられたのである。むくり（ふくらみ）をつけた瓦葺の屋根は嵐山と形式的な連続性を持ち、白砂の奥に枝垂梅の林と低い土塀を配置した庭は近景を遮断し嵐山を借景として取り入れている。また、白井が書に取り組むための空間である和室は伝統的な書院造を基礎としながらも白井独自のもので、とくに天井構成は、建築史家・羽藤広輔によれば白井作品のなかでも「最も複雑化した姿」であるという。

白井は熱心にこの建築に取り組んだ。構造から障子の組子まで徹底してローコストながら良質な米松を使用するため、輸入材であるこの素材を大量に確保した。また天井板や灯具や障子、襖の金具など細部にいたるまで素材を吟味した。それだけでなく、ほとんどの日々を現場で過ごした白井は、もし建設中に京都でさらに良い材料が見つかったり、納まりが気に入らなかった場合は躊躇なく計画を変更していったという（『建築文化』1985年2月号）。

4点 | 写真：内観

写真：外観

びわ湖北寮
Lake Biwa Hokuryo (company resort facility and dormitory)
1983〜84 ｜ 滋賀、長浜市 （現存） Shiga

琵琶湖北部にある、企業の保養施設として建てられた建築。施主
は《尻別山寮》と同企業である。
1950年に琵琶湖全域が国定公園に指定されたため、その域内に
新築される建築の壁面は自然のなかで目立つ白色は避けなければ
ならず、屋根の色彩を含めて事前審査を通過する必要があった。
壁面に使用されたペルシャンブルーのタイルは、こうした法規制
の中で生まれたものだが、白井建築の中で、外観に青を用いた最
初で最後の作品となった。かつて、エッセイ「すきな色」の中で
青を挙げていた白井だが、本作に用いられた青は湖水の風景と調
和し、そのなかへ溶け込んでいくかのようである。

アンビルトの未来建築計画
Unbuilt Plans for Future Buildings

　白井にはいくつか実現しなかった、あるいは実現していない未完の夢といえる建築計画がある。もっとも有名なものは「原爆堂計画」（1954〜55年）であり、きっかけは丸木位里・俊夫妻が新聞で発表した、「原爆の図」を常設展示する美術館の建設構想を白井が知ったことであった。もとより白井への依頼も、具体的な建設の目途も立っていない段階であったが、他の仕事を絶ってまでこの計画に集中し、1955年には親交のあった川添登が編集長をつとめる『新建築』4月号誌上で「原爆堂計画」を発表し、さらに自費で海外配布を想定した英文入りのパンフレットも作成した。同じ年の8月には広島市で丹下健三設計による《広島平和記念資料館》が竣工する一方で、前年の1954年3月にはビキニ環礁でアメリカの水爆実験による「死の灰」を第五福竜丸が浴びていた。そうした時代が白井を駆り立てたのかもしれない。水面上に蓮の花のように正方形の本館が浮かび、地下通路によって展示棟と結ばれるという建築計画は、作品展示施設というよりは祈りの堂といえるような姿だった。しかしこの時美術館としては実現することはなかった。ただ、白井晟一研究所の所員であった大村健策の手になる透視図は、その緻密さもあって異様なほどの現実感と実在感を備えている。

　ところで地下道で地上に建つ二つの堂を結ぶという構造は、同じころ群馬県の松井田町に構想していた宗教施設「半僧坊計画」（1955年）にもみられるものである。白井建築にはこのように、場合によっては長期にわたって白井がこだわり、熟成させながらも繰り返される構造、意匠といったものがあり、例えば「東北労働会館（秋田労働会館）計画」（1957年）に描かれた円弧を並べた外観は、のちに《横手興生病院》の厨房棟（1964〜65年）において実現している。これらアンビルトの計画案は、建築家の脳内に展開される融通無碍の未知の空間が、現実世界に顕現するまでの葛藤をまざまざと見せつけているのである。

Shirai made a number of architectural plans that were either never realized or only existed as unfinished dreams. The most famous of these is the Temple of Atomic Catastrophes Plan (1954–55). The design was inspired by a newspaper report in which the artists Iri and Toshi Maruki discussed their idea for a museum that would serve as a permanent display space for *The Hiroshima Panels*, their series of works dealing with the atomic bomb. Although the aim of the building had yet to be established and Shirai had not been commissioned to create a plan for it, he concentrated on the design to the exclusion his other jobs. In April 1955, the plan was published in *Shinkenchiku* magazine, the head editor of which was Shirai's close friend Kawazoe Noboru. The architect also produced a pamphlet, complete with English translation, at his own expense, that he planned to distribute overseas. While on the one hand, the Hiroshima Peace Memorial Museum, based on a plan by Tange Kenzo, was completed in Hiroshima in August of 1955, a Japanese fishing boat, the *Lucky Dragon No. 5*, was engulfed in radioactive fallout during a hydrogen bomb test that the U.S. conducted at Bikini Atoll in March 1954. It may have been circumstances such as these that spurred Shirai on. His plan called for a square main building, rising up like a lotus on the surface of the water, that was connected to a gallery wing by an underground passage. The overall appearance was closer to a prayer hall than an exhibition facility for paintings. However, the plan was not realized as an actual museum. The perspective drawings by Omura Kensaku, an employee at the Shirai Seiichi Institute, capture the reality and presence of Shirai's vision to an unusual degree, due in part to Omura's elaborate execution.

Incidentally, Shirai conceived of another building consisting of two halls that were connected by an underground passage around the same time. The Hansobo Plan (1955) was a design for a religious facility located in the town of Matsuida in Gunma Prefecture. As this example suggests, in some cases, Shirai remained fixated on a given concept for an extended period of time, and while developing the idea, he repeatedly designed similar structures and architectural decorations. For instance, the exterior, distinguished by a row of arcs, for the Tokohoku Labor Hall (Akita Labor Hall) Plan (1957) was subsequently realized in the kitchen wing of Koseikai Hospital (1964–65). These unbuilt design proposals vividly illustrate the difficulties Shirai faced in bringing the spaces that he developed freely in his mind to fruition in the real world.

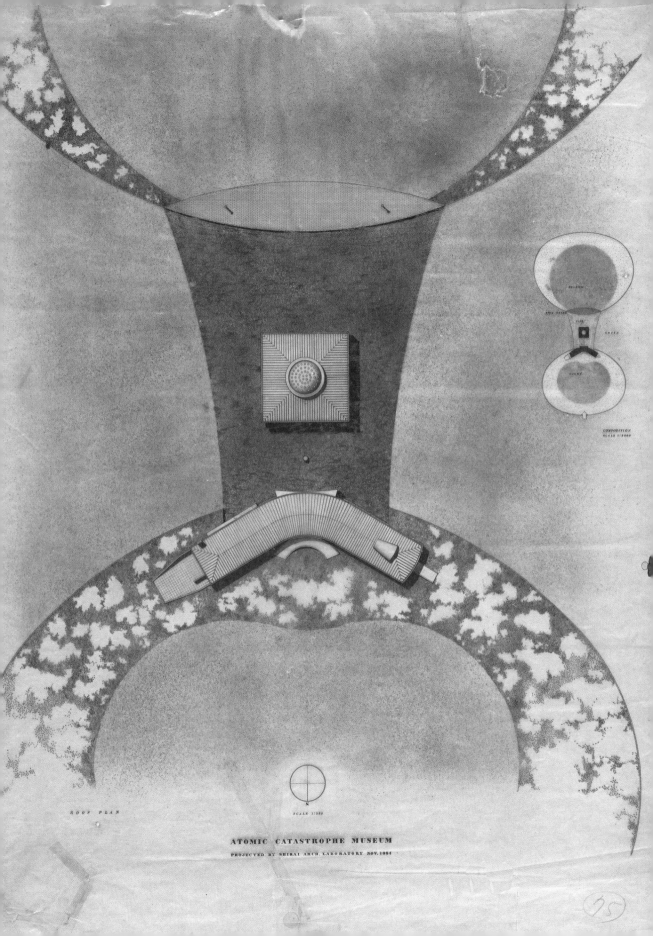

ROOF PLAN

SCALE 1:500

ATOMIC CATASTROPHE MUSEUM

PROJECTED BY SHIRAI ARCH. LABORATORY NOV. 1954

COMPOSITION
SCALE 1:5000

光音劇場計画
Ko-on Theatre Plan
1946 | （実現せず）Unbuilt

戦後、人々にとって一大娯楽施設であった映画館の設計図。
宮城県、仙台市での建設が計画されていたという。

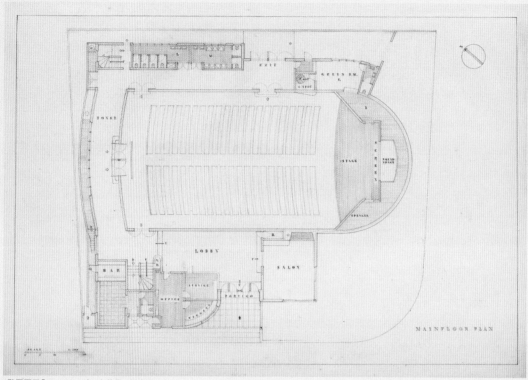

1階平面図「Main Floor」 白井晟一研究所

立面図 白井晟一研究所

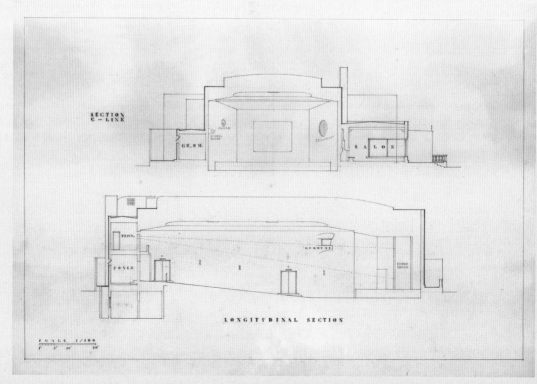

半僧坊計画
Hanzobo Plan (temple building)
1955 |（実現せず）Unbuilt

《松井田町役場》と同じころ、同地に建立する寺院として計画されていた。半僧坊とは、半僧権現とも呼ばれ、臨済宗寺院境内の土着の守護神で、神仏混淆による鎮守の一種。

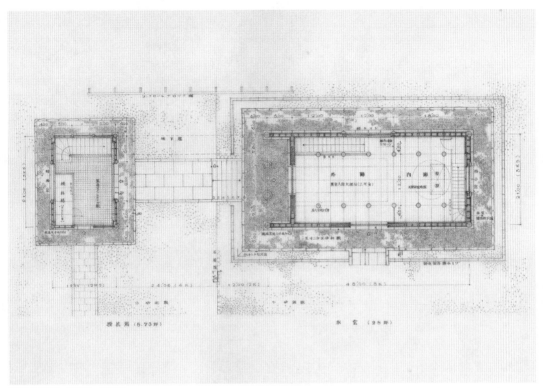

平面計画試案　白井晟一研究所

立面図　本堂姿図　白井晟一研究所

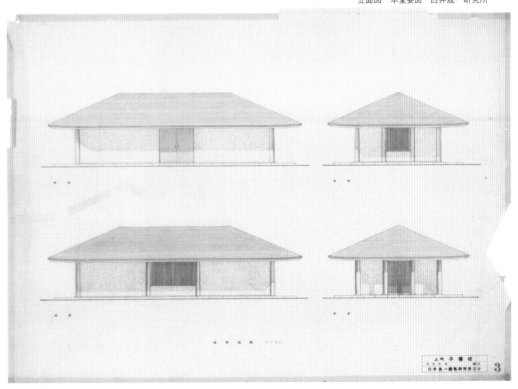

三里塚農場計画
Sanrizuka Farm Plan
1946 | （実現せず）Unbuilt

白井はドイツ留学中に、左翼系の在独日本人向け新聞『伯林週報』の編集に携わっていたが、同じく編集に関わっていた市川清敏との交友は帰国後も続いた。この計画は、東京都開拓団協会常任理事兼三里塚農場長となった市川とのつながりで作成されたものとみられる。

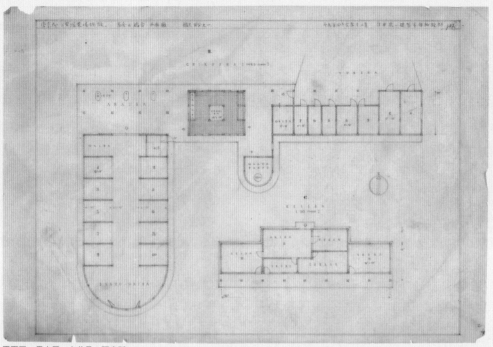

平面図　馬小屋　白井晟一研究所

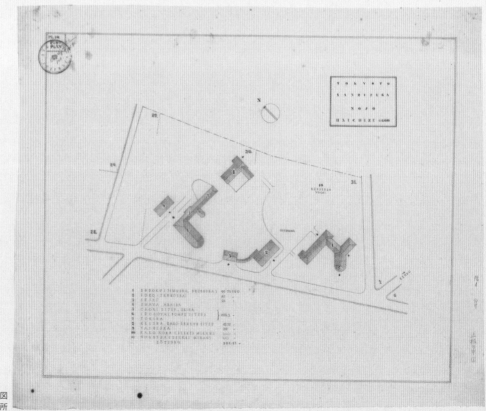

配置図
白井晟一研究所

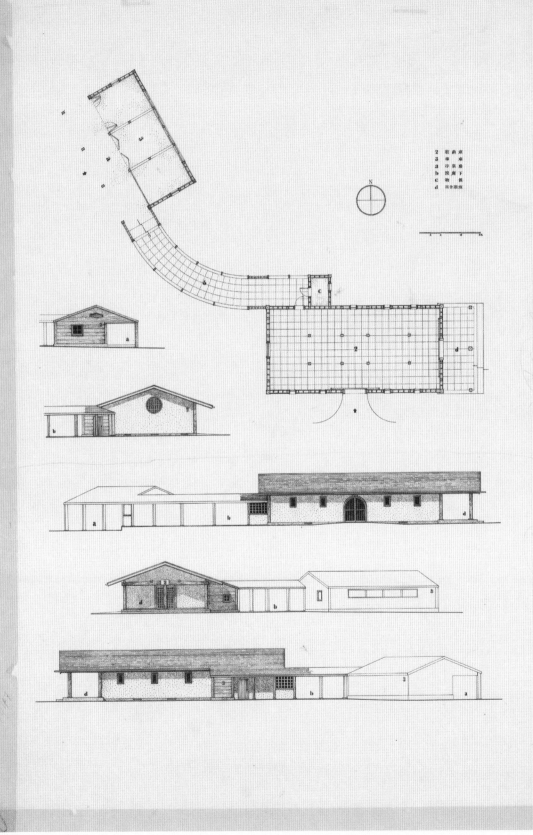

平立面図　白井晟一研究所

原爆堂計画
Temple of Atomic Catastrophes
1954〜55 |（実現せず）Unbuilt

1954年頃、丸木位里・俊夫妻による《原爆の図》を常設展示する美術館の建設構想を知った白井が自発的に計画案作成に取り組み、1955年4月号の『新建築』誌上で発表された。2つの建物からなる計画案では、水上に浮かぶ主室が《原爆の図》を展示する「展覧室」となり、地下道でつながれたカーブした「エントランス・パビリオン」にギャラリー、ホールほかの美術館の諸機能を配する予定であったと推測される。

上｜外観透視図　作画・大村健策　1955年　白井晟一研究所
下｜断面図　作画・大村健策　1955年　白井晟一研究所

東北労働会館（秋田労働会館）計画
Tohoku Labor Hall (Akita Labor Hall) Plan
1957 │（実現せず）Unbuilt

当時朝日新聞社の秋田支局に勤務していた淺野敞一郎は白井晟一に心酔しており、県に会館新築の計画があることを知った淺野が仲介し、白井が計画案を提出するも実現しなかったという。ただしファサードの円弧を連ねたデザインは、その後《横手興生病院厨房棟》（1964〜65年）に使用されている。

外観透視図　作画・大村健策
白井晟一研究所

秋田市立美術館計画
Akita Municipal Art Museum Plan
1957｜（実現せず）Unbuilt

《東北労働会館（秋田労働会館）計画》より数か月前に、同様に市に美術館新築計画があることを知った朝日新聞の淺野敞一郎の紹介で白井が市の関係者に計画案を提出したが「不採用」となってしまったとのことである。

京都ホテル計画
Koyto Hotel Plan
1976 ｜（実現せず）Unbuilt

特徴的な楕円形によるホテル計画案。詳細は不明であるが、この図面に基づいた粘土による建築模型の記録写真なども残されており、計画がかなり進んでいたことをうかがわせる。

立面図　白井晟一研究所

立面図　白井晟一研究所

N美術館計画
N Museum Plan
1978 │（実現せず）Unbuilt

Nとは画家の中川一政のこと。中川一政は義兄・近藤浩一路の友人であり、その墓碑の字は中川の手になる。六角形の屋根を頂くプランは「北村徳太郎美術館計画」（1980年）でも繰り返されている。

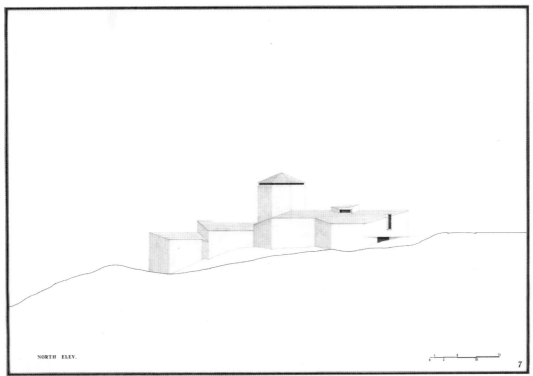

NORTH ELEV.

立面図　西　白井晟一研究所

配置図　白井晟一研究所

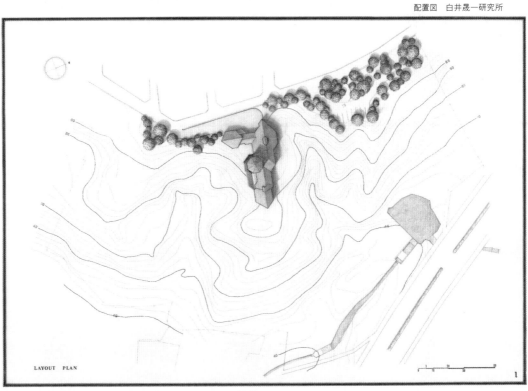

LAYOUT PLAN

北村徳太郎美術館計画
Kitamura Tokutaro Commemorative Museum Plan
1980 │（実現せず）Unbuilt

親和銀行の頭取北村徳太郎に関わる美術館として長崎県佐世保
市に建築が計画されていたとみられるが、詳細は不明である。

立面図　白井晟一研究所

大村道場計画 Omura Dojo Plan
(storage facility for Shirai's beloved art collection)

1975 | （実現せず）Unbuilt

白井自身が自らの学びのために収集し、傍らにおいていた美術品
などのいわゆる「教材コレクション」を収蔵する施設として計画
したとも伝えられるが、詳細は不明である。

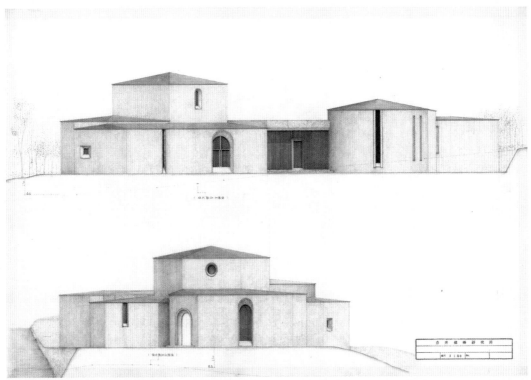

立面図　白井晟一研究所

平面図　白井晟一研究所

白井晟一の愛蔵品
（教材コレクション）

The Kyozai Collection: Shirai's Beloved
Artworks and Other Items

白井は古代の彫像から宗教行事に使用された香炉に至るまで東西の様々なものを集め「教材コレクション」と呼んだ。美術品という認識ではなく、これらが生み出されてきた時代や文化を「本身」で思考するための手がかりとして、身近におくことが必要と考えていたようだ。「俺はものをつくる世界に入っているというプライドがあるし、責任もある」そしてそのためには「美と人間が長い間やってきた歴史にくいついていかなければならない」と白井は述べていた。

上左｜タペストリー・燭台風スタンドライト　白井晟一建築研究所（アトリエNo.5）
上右｜硯、筆　白井晟一建築研究所（アトリエNo.5）
下｜白井晟一の書斎の机　白井晟一研究所

イコン「キリストの変容」

香炉

石彫女性像

燭台風スタンドライト

ガラス器（白）

ガラス器（赤）

水差

白井建築と家具調度──深遠なるアッサンブラージュ

渋谷区立松濤美術館副館長　髙波眞知子

　1981（昭和56）年の松濤美術館開館を間近に控えて撮影された美術館竣工時の記録写真一式が残されている。

　写真には白井建築に調和する真新しい重厚な家具調度の数々をみることができる。建設当時は区立美術館には豪華すぎるとおもわれた室内装飾も、開館以来40年を経て、建築の一部となって馴染んできている。玄関や各階エレベーターホールなど館内各所には、楕円形や四角い装飾額付きの鏡が取り付けられ、敷地約300坪という狭さを軽減する効果もあり、ざらっとした壁にほどよいやわらぎと奥行きを演出している。有名なミース・ファン・デル・ローエのモダンなバルセロナチェアのオットマンも各所にさりげなく置かれている。

　また同写真で注視したい点は、美術館として作品を展示することをイメージするためだったのか、それらの外国製家具調度に加えて、骨董の椅子をはじめ、タペストリーやコプト織など白井の所有していた美術品が飾られていることである。2階展示室の奥の特別陳列室には白井自身による書と金属製の香炉がガラスケースのなかに展示され（fig.1）、地下の茶室にも床の間に白井の書の軸がかけられ、その手前に金属製の水差しが置かれている。この展示は開館前の一度だけの試みであった。

　松濤美術館の家具調度は他の白井建築と同様に白井の審美眼によって選ばれ配置されたと考えられる。白井は照明器具やドアノブなど金属製品は自らデザインを行うことがあるが、家具調度は外国製の高級家具を建築にあわせて、適宜選んでいた。海外を訪れるたびに家具骨董を集めていたとも聞く。

　白井建築と家具・調度の関係性において示唆に富むエッセイを2例紹介したい。

　建築家・磯崎新は、白井の代表的建築であり日本建築学会賞などを受賞した親和銀行本店（長崎県佐世保市）に関する文章の冒頭を家具の記述から始めている。「…、イームズの安楽椅子の横にイギリスのビクトリア風の飾り棚がおかれ、その横の壁にフランドル風の凸面鏡がかけられている、という光景にでくわし、しかもそれが何のちぐはぐさもないどころか、むしろ当初からの計画そのもののように、緊迫した空間を構成する不可欠な要素になっていることを発見すると、ぼくはたじろがざるを得ない。これらの調度類は、イギリスやフランスの骨董商の店頭から捜し出されたといわれる。明確な選択がなされているので、その制作年代などは気にならない。…」（磯崎新「親和銀行本店をみて」『新建築』1968年2月号、p.164）。

　親和銀行本店第3次増築コンピューター棟・懐霄館（1973〜75年）について、美術史家・針生一郎も家具について熱く語っている。「白井の建築の基本構想は、世界のさまざまの地域と時代からつかんだ要素を、普遍的な観念の中に組みこんでしまう、強靱なオリジナリティにつらぬかれているからこそ、みるものの想像力をも無限に解放する。それに対して内部空間では、壁、床、ドア、インテリア、照明器具などのすべてにわたり、既成のものを選択し、配置し、アレンジする作業が中心になる。…。それらの細部の材質を既成の概念や機能から解放して、それぞれ独自な意味をあらわにさせながら、それらの葛藤のなかから内部空間の未知なる全体を回復しようとしているのである。その一点で、白井の方法はたんなるアッサンブラージュや『引用の織物』とも、はっきり一線を画している。」（針生一郎「建築における外部と内部」『《現代の建築家》白井晟一』鹿島出版社、1978年、p.86）。

　前述の親和銀行は、大波止支店（1962/68/72年）に始まり、引用で触れた佐世保の本店（1966〜67年）、

fig.1　2階特別陳列室、1981年頃

fig.2　2階展示室サロン・ミューゼ、1981年頃
*ソファーセットとガラステーブルは懐霄館10階ホールに設置された家具と同タイプである。

親和銀行電算事務センター（懐霄館、1973/74年）ともに、松濤美術館と同じ竹中工務店が建設を担当しており、懐霄館と松濤美術館では、同じ木材や同じデザインの家具も散見されるのである。

　松濤美術館の備品台帳に1980（昭和55）年購入として多数の外国製家具の記載がみられる。白井の書斎と雰囲気がかさなるといわれる館長室の家具として、両袖机（マクサルト／イタリア）、サイドボード（マクサルト）、ソファータイプのキャメル色肘付き椅子（マクサルト）、会議用大テーブル（マクサルト）、輸入のフロアーランプが記されている。館長室は通常は非公開だが、職員による館内建築ツアーの際は見学が可能となる。2階展示室サロン・ミューゼ（fig.2）には座って作品をゆっくりと鑑賞する憩いの場というコンセプトに沿って、ソファータイプの黒の安楽椅子（デ・セデ／スイス）のセットにガラスの中央テーブル（テクノ／イタリア）が組み合わされている。このサロン奥、前述した特別陳列室もシンプルなガラステーブルとともに、イー・コールド・クリステンセンの応接ソファーセットが置かれている。公立美術館でこれほどの高級外国製家具が備えられているところは珍しい。

　今回の白井展をきっかけに関係者にインタビューを行った。渋谷区営繕課として白井晟一と直接やりとりをしていた担当者をはじめ、白井晟一研究所のスタッフであった建築家柿沼守利氏、建築に関わった竹中工務店、髙島屋工作所のOBの方々のご協力を得た。聞き取り内容をすり合わせると、家具・調度は白井の選定によりモビリア等家具輸入会社により輸入され、木工事を請負った髙島屋をとおして竹中工務店により渋谷区に納品されたと考えられる。その調査において、室内施工に関する興味深い事実も判明した。親和銀行に使用したブラジリアン・

ローズウッドの残りの材料を当時の髙島屋工作所に預けてあり、それを松濤美術館の館長室や2階の展示室サロン・ミューゼの梁、柱、扉などの建具に使用したという証言を当時の髙島屋工作所の担当者から得たことである。

　親和銀行と松濤美術館では同じタイプの家具セットだけではなく、内装材料も同じものを採用しており、銀行と美術館という役割・用途の異なる建物においても、白井の美意識は共通に貫かれていた。

　開館時、用意された輸入家具調度品とともに記録写真に写っている白井所蔵の骨董、美術品は、その後、美術館開館前に白井により引き上げられたが、今回の白井晟一入門展第2部ではそれらの一部を借用して展示をする。竣工当時の白井晟一の建築と家具調度の深遠なるアッサンブラージュの片鱗でも感取していただければとのおもいがある。

白井晟一のドローイング Shirai's Sketches

白井と親交のあった評論家の川添登は、「白井晟一の最初のスケッチは、驚くほどプリミチブなものなのである」と述べている。まずこうしてアイデアが示された後、研究所の所員の大村健策や、協力者であった笹原貞彦や広瀬鎌二らと調整を繰り返しながら精緻な建築図面が仕上げられていったのだろう。かたやこれらスケッチは脳内に浮かんだ原初の空間の姿や、興味の対象となる建築など、いわば白井の内面を垣間見られるものとなっている。

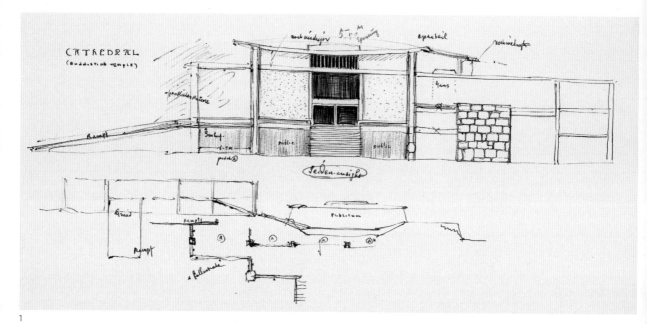

1

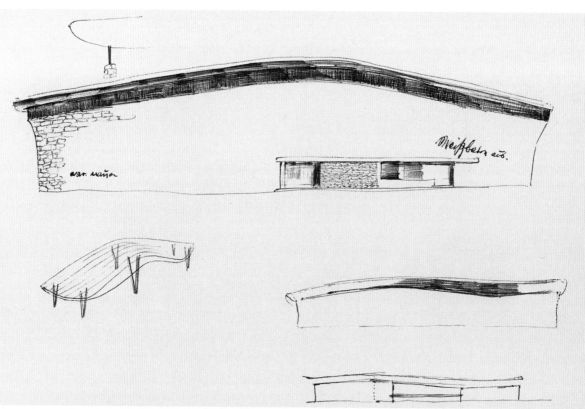

2

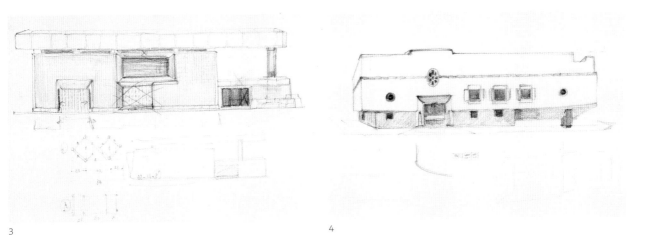

3   4

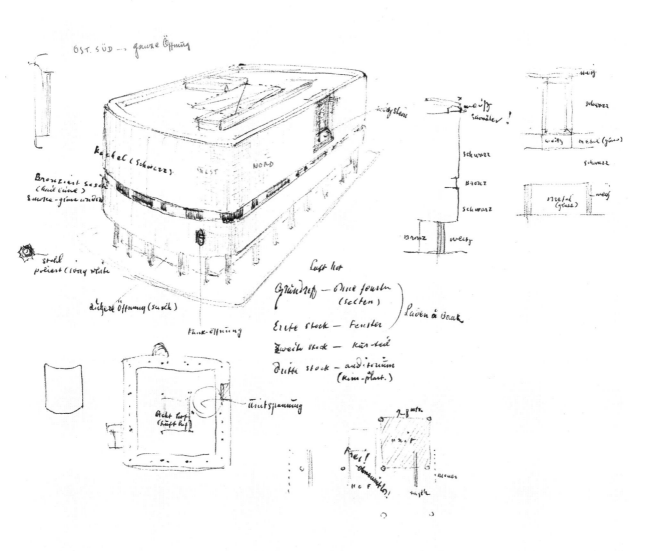

5

6

7

MERV. MAUSOLEUM OF SULTĀN SANJAR
1 67

《スルタン・サンジャール廟（メルブ）》

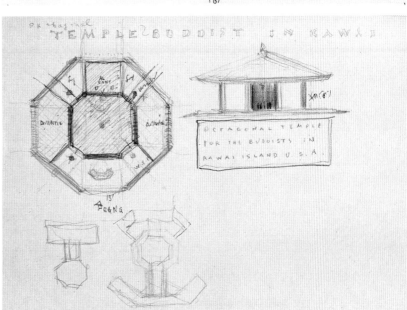

《カワイ島の仏教寺院》

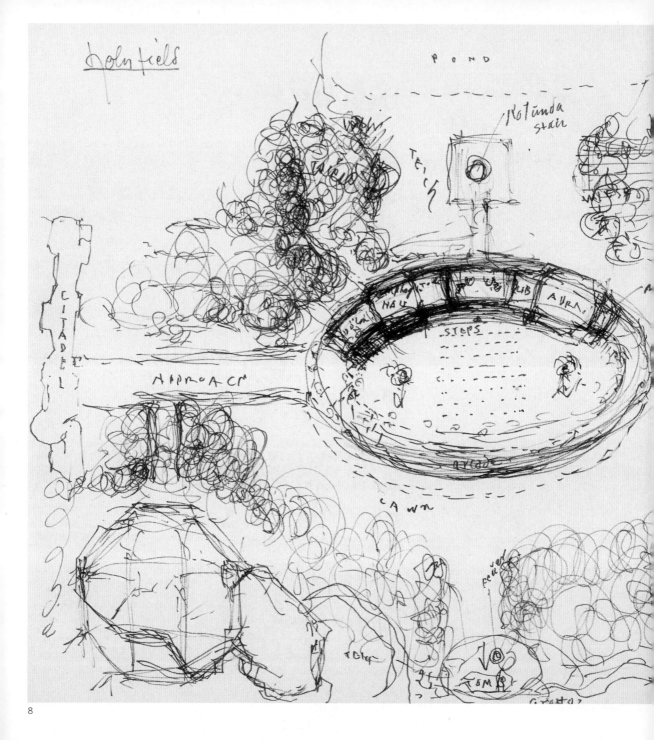

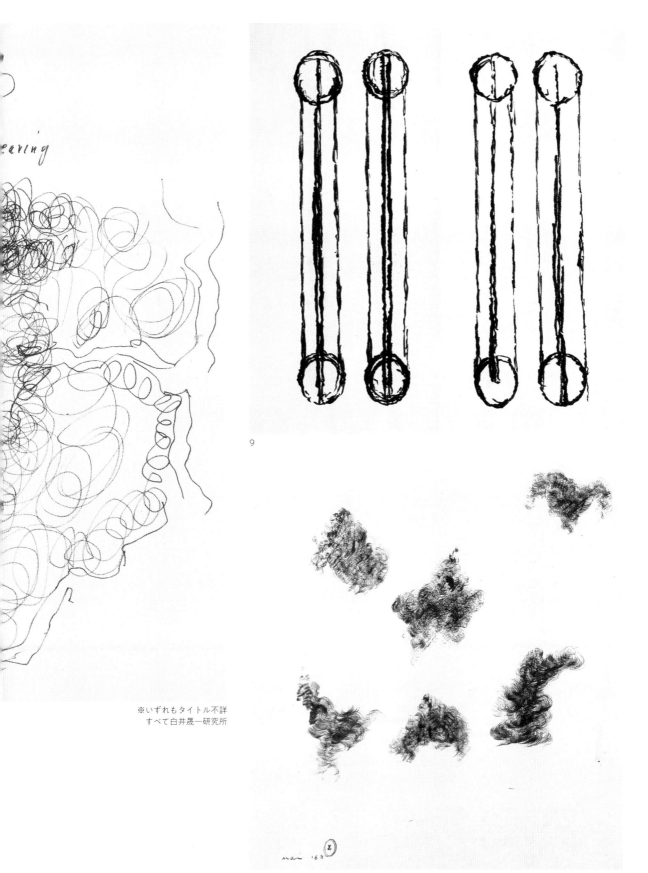

9

※いずれもタイトル不詳
すべて白井晟一研究所

10

白井晟一の書籍装丁 Shirai's Book Designs

白井晟一の最初の書籍装丁の仕事は、山本有三の『真実一路』（新潮社、1936年）で、義兄・近藤浩一路がこの小説の挿絵を描いていたことから紹介されたものであった。ここでは白井は、前年に建築家として初めて建てた近藤邸のあった土地に因む「南沢用介」のペンネームを用いていた。戦後は中央公論社の仕事を多く手掛け、その簡素で切りつめられた色彩や装飾による装丁は、白井の持つデザイナーとしての傾向や才能をよく示すものといえる。

『真実一路』山本有三著　近藤浩一路挿絵　南沢用介（白井晟一）装　新潮社
1936年　東京造形大学（参考画像）

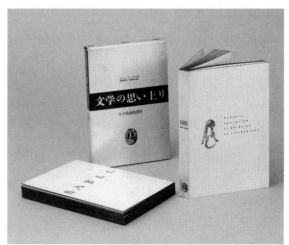

『文学の思い上がり その社会的責任』ロジェ・カイヨワ著
桑原武夫・塚崎幹夫訳　中央公論社　1959年　白井晟一研究所

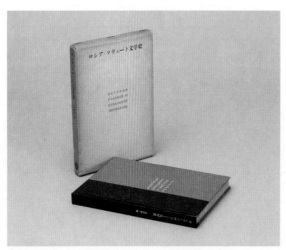

『ロシア・ソヴェート文学史』木村彰一著　中央公論社　1958年
白井晟一研究所

『驛』幸田文著　中央公論社　1961年（右下）
『日本のアウトサイダー』河上徹太郎著　中央公論文庫　1961年（右上）
『地獄の思想：日本精神の一系譜』梅原猛著　中公新書　1967年（左上）
『悪魔のいる文学史―神秘家と狂詩人』澁澤龍彦著　中公文庫　1982年（左下）
白井晟一研究所

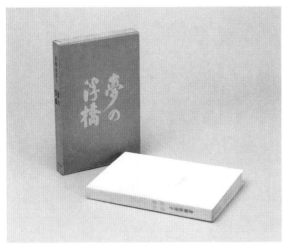

『夢の浮橋』倉橋由美子著　中央公論社　1971年　白井晟一研究所

『白井晟一の建築』白井晟一著　中央公論社　1974年　白井晟一研究所

『西洋木造建築』ハンス・ユルゲン・ハンゼン編　白井晟一研究所訳
形象社（通常版・限定版）　1975年　白井晟一研究所

『恩地孝四郎版画集』恩地孝四郎著　形象社　1975年　白井晟一研究所

『蔵　暮しを守る』川添登監修　文藝春秋事業出版コーナー編
石元泰博写真　東京海上火災保険　1979年　白井晟一研究所

白井晟一の書
Shirai's Calligraphy

白井が書に本格的に取り組み始めるのは1960年頃からとされ、55歳の比較的遅いスタートであった。しかし一日100枚を目標に書き続けるなど集中的にこれに取り組み、1970年にはその書作品による『顧之居書帖』（鹿島研究所出版会）が出版されるなど、書家としての活動でも知られるようになる。彼はこれら書の修行は「空間造型の無限の意味を省る何よりの励ましであった」と述べており、建築にも通ずるような、空間への思索を深める手段となっていた。

《虚空》 白井晟一研究所

《無伴》 白井晟一研究所

《妙法》 白井晟一研究所

《無一物》 白井晟一建築研究所（アトリエNo.5）

《観音》 白井晟一研究所

《普寧》 白井晟一研究所

《危座》 白井晟一研究所

《長安》 白井晟一研究所

《掃塵》　白井晟一研究所

212

《古丹》 白井晟一研究所

《道心》 白井晟一研究所

白井晟一と近藤浩一路

渋谷区立松濤美術館学芸員　平泉千枝

はじめに

　白井晟一の生涯に関しては、彼と親交がありその顕彰に尽力した川添登による評伝や、その他本人の証言も含めて、多くが語られてきた。ただし、そうして白井晟一伝説が紡がれていくなかで、不思議なことにあまり触れられない部分はいくつか存在する。そのひとつが、義兄である画家・近藤浩一路（1884～1962年）との関係である。川添は近藤について「両親にかわって、白井晟一を今日あらしめた最大の恩人」と述べてはいるものの、それは親がわりといった茫洋とした形容に留まる[(1)]。近藤は近代美術史の中では独自の活動で足跡を残した画家であり、いわばアーティスト同士となる義兄からの影響がそれに留まるものだろうか。

　今回の展覧会の準備にあたり、渋谷区立松濤美術館では公益財団法人ポーラ美術振興財団および美術館連絡協議会の助成を受け、全国の白井建築やその関係者を対象とした調査を行った。その結果見えてきたのは、白井の活動に対する近藤の影響は予想よりはるかに大きいのではないかということだった。この小論ではそれを紹介していきたい。

画家・近藤浩一路

　最初に近藤の経歴について簡単にふり返ろう[(2)]。山梨県出身の近藤は、東京美術学校（現東京藝術大学）西洋画科に進み、和田英作や黒田清輝の門下として在学中から白馬会展に出品した。同窓に藤田嗣治、岡本一平などがいた。この時代の洋画界のエリート街道を進んでいた近藤だが、1910年の卒業後は日本画に転じ、1919年に日本美術院展（院展）に入選、2年後には同人に推挙され日本画家としての地位を築いていく。近藤が得意としたのは、黒田も着目したという光への感覚が発揮された水墨画だった。その

表現は1922年の約半年間のフランス滞在などを経て、東洋の墨の表現力の再認識や、西洋の印象派からの摂取によってさらに進化を遂げ、アンドレ・マルローなどフランスの文化人からも評価され、1932年にはその斡旋でパリの『新フランス評論（N.R.F）』社のギャラリーで個展が開催されるにいたる。

　他方で近藤は1915年から読売新聞社に入社し、漫画や挿絵を描き、朝日新聞社に入った岡本一平とあわせ「一平・浩一路時代」と評されるほどの人気を誇った。こうした経歴から美術界に留まらず、志賀直哉、武者小路実篤などの文人を含めた幅広い交友関係を持っていた。ここまでで近藤はいかにも世渡りに長けた人物であったような印象を受けるかもしれない。しかし、1936年には声明文を発表して日本美術院を脱退し、画壇に頼らず自己の芸術を貫こうとした。またその日記から、旧友の藤田嗣治が戦後、日本の画壇で苦しい立場に追い込まれ、1949年に離日するときには空港まで見送りに行き、その夫人を離日まで家族ぐるみで世話をしていることも分かる[(3)]。近藤とは、固定概念や世俗の評価に囚われることなく自らの信じる芸術の道を進む、友情に厚い人物であったのだろう。

近藤浩一路と白井家

　近藤が、白井晟一およびその家族の人生に関わってくるのは、1914年、彼が京都美術学校で絵画指導をしたときの教え子の白井清子、すなわち晟一の7歳上の姉との結婚による。30歳の近藤に対し、清子は16歳だった。その頃白井家の方は斜陽となっており、3年後には父親が死去し、当時12歳の晟一や弟の隆吉は、ひとまずは東京の近藤家に身を寄せ、関東大震災後は近藤一家の移転に伴い京都に戻る。近藤が「墨心舎」と名づけ、白井がここから京都高等工芸学校に通ったと思われる京都の家は、

娘・綾子の回想によれば「純京都風な家屋で間口はせまく奥行が長い家で、離れに茶室や蔵もあり父の画室も18畳間」というもので、近藤一家や晟一と隆吉、書生、その他居候がいる大所帯だった[4]。千客万来で、藤田嗣治や中川一政ら画家仲間も逗留したという。これを切り回し、評判の料理の腕で客をもてなしていたのが、清子であった。息子・曒によれば「父が財政的なことに全く携わらなかったため、母が私たち姉弟の教育はもちろんのこと、叔父のドイツ留学に至るまでその全て取り仕切っていた」という[5]。その姿は、近藤が画家という仕事に邁進する上での協働パートナーを思わせる。白井が育ったのはこのように賑やかな画家の家であった。

白井の仕事と偉大なる義兄・近藤浩一路の存在

こうして親がわりとなる近藤は、奇妙なほど白井の人生の節目節目で存在感を発揮する。1928年、23歳の白井はハイデルベルク大学に留学する。兄事する京都帝国大学の教授・深田康算の助言によるものと彼は述べる。ただし白井が大学に提出した申請書をみると、白井の名前以外に登場するのは、「保護者」の欄に記された当時44歳の義兄・近藤だけである[6]。この留学中に、先に述べたマルローによるパリでの近藤の個展が開催され、ドイツから手伝いに行った白井はこれが縁でマルローをはじめ、今泉篤男や林芙美子らパリにいた日本の文化人たちとも知り合う。

また帰国後の白井の進路を決定づけたのも、近藤夫妻であった。子供の「自由学園」進学に伴い、隣接する「南沢学園町」に自邸兼アトリエを建築しようと考えた夫妻は、最初建築家の平尾敏也に設計を頼む。この家には白井も同居する計画があり、京都にいた夫妻に代わり、東京にいた白井がとりしきるうち、1936年に竣工した家は、平尾をして「白井氏の建てた家」と言わしめるものとなり、建築家への道を進むきっかけとなった[7]。

同じ頃、近藤はもうひとつの仕事を白井にもたらしている。山本有三の連載小説『真実一路』の挿絵を担当した近藤は、1936年の書籍化にあたって、義弟に装丁の仕事を世話した。白井は「南沢」をペンネームに使用し、「挿図 近藤浩一路 装釘 南沢用介」として兄弟協働で新潮社から出版された本は、後に中央公論社などでも書籍装丁も手がけていく白井にとっての最初の装丁の仕事であった[8]。

生涯を通じて頻繁に転居をくりかえした近藤は、間もなく義弟の初仕事である南沢の家を去り、この後豊島区に自邸兼アトリエ（1938年、戦災で焼失）、山梨県に別荘「山中山荘」（39年）、豊島区に再建した自邸兼アトリエ（1952〜53年）などを建て、その設計をすべて白井に任せ、駆け出しの建築家である義弟に仕事の機会を提供した。なお、近藤はこれら3つの自邸兼アトリエはすべて「土筆居」と呼んでいたようだ。

戦前の近藤邸の敷地内には所帯をもった白井も家を建て、ごく至近距離に住んでいた。白井からはその時の思い出が語られることはほとんどない。しかし、山梨県立美術館が保管する近藤の『土筆居絵日記』『甲申絵日記』（1944年）には、食卓を囲む晟一と弟隆吉の似顔絵（5月8日）（fig.1）、白井の幼い長男とともに白井家の風呂につかる近藤夫妻（4月15日）（fig.2）などが描かれる[9]。ちなみに弟隆吉は、兄が果しえなかった夢であった京都帝国大学に進学し美学を専攻した後に、建設会社「間組」に入りダム工事のハッパ（発破）の仕事に携わるという独特の道を歩んだ[10]。こうして、少なくとも近藤側からは、清子、晟一、隆吉との親愛の情に満ちた生活の様子が伝わってくるのである。

白井建築と近藤浩一路の文化人ネットワーク

　建築家となった白井への初期の建築の依頼に、交友の広かった近藤浩一路の人間関係によるものが比較的多いことも知られてきた。例えば、伊豆の旅館白石館の離れであった《歓帰荘》（1935～37年）は、ここで近藤の従弟の画家・柏木俊一が絵を教えていた縁からの依頼と伝わる[11]。

　また竣工は後年の1960年代以降となるが、親和銀行についても、頭取・北村徳太郎が京都時代の近藤と交流があり、「画家と故人北村徳太郎の縁りが作品を生む初めだったと聞いた」と、白井の評伝を書いた水原徳言は証言している[12]。

　中央公論社社長の嶋中雄作の山荘（1941年）や自邸（1942年）、その親友の評論家・清沢洌の山荘（1941年）に関して、川添登は「嶋中は、近藤浩一路を通じて知り合った白井晟一に設計を依頼し、清沢もそれに従った」とだけ簡単に記すが、ここでより詳しく近藤の人脈がどんなものであったかに着目してみたい。この人脈はその構成から、大倉財閥の大倉喜七郎が主宰した「P・G・A（ペンマンゴルフアソシエーション）」というサークルによるものではないかと推察されるからである[13]。近藤、嶋中、清沢以外にも、政治家の鶴見祐輔など、当時の錚々たる文化人らが所属し、ゴルフにかこつけて緊迫する時代の貴重な情報交換の場となっていた。清沢洌による戦時下の記録『暗黒日記』には、清沢とゴルフをしながら海軍で息子が受けている酷い待遇について語る近藤の姿（1944年1月14日）などがある。また清沢は親友・嶋中とゴルフをしながら、『日記』の存在について「危ないぞ」と警告を受ける（1943年8月1日）。白井が設計した清沢の山荘とは、もともとは嶋中が購入した軽井沢の土地の一部を清沢に譲り、建設されたものであったが、やがてここは「この日

fig.1　近藤浩一路『土筆居絵日記』1944年（部分）

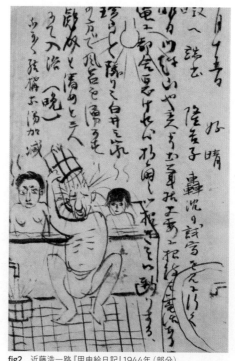

fig2　近藤浩一路『甲申絵日記』1944年（部分）

記は軽井沢に置いて帰る」（1944年7月9日）と清沢が
記すように、特高などの目を避け仕事をするサンク
チュアリ（避難所）となっていく[14]。白井建築の発
注元となった近藤の人脈には、こうした高度な知識
人ネットワークという側面があったことは考慮すべ
きだろう。

　さらに今回の調査によって、新たに戦後の白井の
仕事の出発点となった秋田での仕事に関しても、近
藤の関与があったことが判明した。これまで伝えら
れていたことは、白井は1948年に近藤浩一路扱い
の画商旭谷正次郎（横手市）の紹介により、秋田の文
化講演に招かれて初めて秋田を訪れ、この縁で「羽
後病院」（1948年）の設計を依頼され、工事中、戦時
中に荷物を疎開させ預けていた稲住温泉の当主押切
永吉を訪ね、押切から「浮雲」（1949〜52年）など一
連の温泉での増築の設計を依頼された、さらに押切
の推薦で「秋ノ宮村役場」（1950〜51年）を手がけ
た、ということだった[15]。白井の残した情報に
は、冒頭の旭谷との関係以外に近藤は登場しない。
しかし、近藤の『美ちのく旅日記』（1944年）を見る
と、近藤はその旭谷とともに、戦時中の1944年に
秋田を巡り、文芸趣味の深かった押切永吉を訪ねて
宴となっている[16]（fig.3）。稲住温泉からは近年、こ
の押切に宛てた近藤の礼状も発見されており[17]、
押切と交友があり「荷物を預けた」主体が、白井と
いうよりむしろ近藤の方であったことがうかがえ
る。また近藤一行は44年の時点で、後に白井に
「山月席」（1951年）を依頼した湯沢市の高田屋旅
館、「四同舎（湯沢酒造会館）」（1957〜59年）を依頼し
た酒造家らと関りが深い銘酒「爛漫」の酒倉も訪れ
ている（fig.4）。秋田での白井への発注者の多くが、
それ以前に義兄の近藤を見知っていた、ということ
になる。

　さらに調査中には、1962年に完成した長野の飯

fig.3　近藤浩一路『美ちのく旅日記』1944年（部分）

fig.4　近藤浩一路『美ちのく旅日記』1944年（部分）

217

塚邸・飯塚医院といった個人向けの建築でも、文芸を好んだ施主一家と近藤の交流があったことが判明した例があった。施主の私記には近藤の手になる一家の似顔絵が収録されている。白井の建築の仕事が義兄の人脈とリンクするケースは、初期に留まらずこの時期まで継続したことが分かる。その人脈は往々にして知識人や文芸に造詣が深い人々であることが多く、結果として施主が白井の仕事にも理解をもち、建築表現上の自由につながった可能性は高い。

おわりに　建築家と画家

　白井建築に対する近藤の影響を考えるときに、白井が最初に設計した家が、その自邸兼アトリエであったことは象徴的である。その後に続く「アトリエNo.5」（1952年）は画家、「小平の家」（1953〜54年）は俳人、「アトリエNo.6」（1955年）は彫刻家、「増田夫妻のアトリエ」（1959年）はデザイナー、「桂花の舎」（1983〜84年）は画家・デザイナーのために設計をしている。つまり白井建築には、自身の自邸も含め、ただの住まいではなく芸術的創造のための空間を内包する家の割合が高いのである。画家の家で育った彼にとって、住空間が創造の場でもある家が想像しやすいという面があったのだろうと考えられる。

　白井自身は画家である義兄からの仕事への影響について語ることはほとんど無かった。一方で彼は1960年代から書に没頭するようになり、書の修業は建築の造形の鍛錬にも役立つと考え、その行が「空間造型の無限の意味を省く何よりの励ましであった[18]」とし、「大切なことは、字が世界を含み、包含しているということ[19]」とも述べていた。弟子希望の若者たちにもレタリングを繰り返させたという。ただ、3次元上での実体の物質による空間構築が主眼である建築家が、2次元上の文字という抽象化された記号による訓練を重視することは

不思議な感じも受ける。そして白井の行いは、約30年前、アンドレ・マルローが近藤浩一路をモデルにして書いた小説『人間の条件』（1933年）の登場人物の蒲画伯の、「世界は、自分たち日本人の書く文字のようなものである。」「いっさいは記号なのである。記号から、表象された物自体に向うということは、世界をきわめること」という言葉と、奇妙な共鳴を感じさせないでもない[20]。3次元の世界を平面の記号に還元するうちにとらえようとする姿勢は、むしろ画家的思考に近かったのかもしれない。

　1962年に近藤は死去し、白井はその墓碑のデザインを手がける。シンプルな長方形の造形を、「その姿ほど、強い悲しみを昇華した深い祈りを感じさせる造形を、私は他に知らない」と川添は絶賛した[21]。しかし、次男の昱磨氏によると、この造形について白井は冗談めかして「出てこられないように、杭を打ち込んだ」と語ったこともあったという。他方で、晩年には書斎机の前に、小さな近藤の絵を飾ってもいたという。白井がこの義兄である画家についてあまり語らないのは、容易に語ることができないほど、彼にとってその存在は重さを持っていたのかもしれない。であるとすれば、我々は白井の語った言葉だけではなく、語らなかった沈黙の意味することについても、耳を澄ますべきではなかろうか。

註

1　川添登『白井晟一 建築とその世界』世界文化社、1978年、p.246
2　近藤浩一路の経歴については主に以下を参照：『墨彩の詩人　近藤浩一路』展図録、佐野美術館、2002年、『光の水墨画　近藤浩一路の全貌』展図録、練馬区立美術館・山梨県立美術館、2006年
3　近藤浩一路『己丑早春絵日記』1949年2月26日〜6月24日（個人蔵）、これらの日記調査にあたって山梨県立美術館の平林彰氏、太田智子氏にご協力をいただいた。
4　松田綾子「父母の思い出」『墨彩の詩人　近藤浩一路』展図録（前掲書2）、pp.12〜13
5　近藤曒「気丈な明治の母」『忘れ得ぬ人々』（私家版）、2012年、pp.16〜18
6　川添登旧蔵資料中の入学申請書類の写しより。
7　前掲書1、pp.65〜70
8　山本有三『真実一路』新潮社、1936年

9 　近藤浩一路『甲申絵日記』1944年3月27日〜4月26日／『土筆居絵日記』
　　　1944年4月27日〜（ともに個人蔵）
10 　「対談 ダイナマイトに命をかけて」『中学生活』1956年5月号、小学館、
　　　pp.78〜85
11 　前掲書1、p.70、藤森照信『歴史遺産 日本の洋館』（第6巻 昭和編Ⅱ）
　　　講談社、2003年、pp.108〜109
12 　水原徳言『白井晟一の建築と人』相模書房、1979年、p.197。また白
　　　井晟一の次男昱磨氏によると、北村と近藤の交流は京都の「墨心舎」
　　　の時代頃とのこと。
13 　前掲書4
14 　清沢洌、橋川文三編集・解説『暗黒日記』評論社、1979年、p.108、
　　　pp.232〜233、pp.359
15 　淺野敏一郎「解題 白井晟一氏についての断片的ノート」『SD』1976
　　　年1月号、『白井晟一 精神と空間』展図録　群馬県立近代美術館ほか、
　　　2010年、p.167
16 　近藤浩一路『美ちのく旅日記』1944年6月17日〜25日（個人蔵）
17 　この手紙は現在「秋の宮温泉郷 湯けむりの宿 稲住温泉」館内で展示
　　　されている。この資料については清水川隆氏にご教示いただいた。
18 　白井晟一「明窓浄机」『書のこころと美』主婦の友社、1977年、p.87
19 　「対談：白井晟一vs白川静　書と字」『中央公論』中央公論社、1971
　　　年1月号
20 　アンドレ・マルロー、小松清訳「人間の条件」『マルロー』（新潮世
　　　界文学45）新潮社、1970年、pp.281〜285
21 　前掲書1、pp.246〜247

川添登の白井晟一論とその背景　1950年代における建築家の主体性の確立

渋谷区立松濤美術館学芸員　木原天彦

　本稿の目的は、川添登の評論を通して、白井晟一という建築家を改めて捉え直すことである。川添は1953年から1957年まで編集長として雑誌『新建築』を牽引したジャーナリストであり、白井晟一について誌上で頻繁に取り上げ、自身でも評論を発表した。これまで、1950年代の川添は建築評論の分野において「伝統」や「民衆」をテーマに掲げた論争の仕掛け人として描かれることが多く、白井晟一は川添の方針に共鳴するような論客となる形で一躍注目されるようになっていく、という見方がしばしば為されてきた[1]。しかし、なぜ川添は白井晟一を取り上げ、評価しなければいけなかったのだろうか。白井晟一は評論の読者たちに、いかなる存在として受け止められたのだろうか。こうした疑問が投げかけられたことは、意外にもこれまでなかったように思われる。本稿はあえて、こうした建築評論の中の白井晟一の「イメージ」を取り上げることで、それが同時代にどのような意味を持っていたのかを検証しようとするものである。

『新建築』以前の白井晟一

　　内藤：“白井晟一をピックアップしたのは俺だ”
　　　　　みたいな感じがあるでしょう…？
　　川添：事実、そうですよ

　これは、『INAX REPORT NO.175』（2008年7月号）に掲載された、建築家・内藤廣と川添登の対談の一幕である。このように、川添はしばしば白井晟一の第一発見者のように振る舞うことがあった。しかし、これは川添も他の文献で明かしているとおり、事実そのとおりではなかった。たとえば、すでに戦前からいくつかの建築雑誌は白井晟一の作品を掲載している。『建築知識』と『婦人之友』は1936年に近藤浩一路の自邸《河村邸》を写真付きで紹介し、『建築世界』は1938～41年にかけて《歓帰荘》や《近藤浩一路旧邸》を早くも取り上げていた[2]。戦後に入って白井晟一の作品が初めて登場するのは、1952年の『新建築』、「秋ノ宮村役場」であるが、このとき川添は早稲田大学の学生として新建築社でアルバイトをしており、白井と編集部の仲介は川添が行ったものの、記事そのものは当時の編集長・三輪正弘が作成している[3]。三輪が新建築社を退き、かわって川添が編集長を兼ねたたった1人の編集部員になるのはその翌年で、この年の8月号で川添が《試作小住宅（渡部博士邸）》を取り上げたものの、すでにその2か月前、『建設情報』誌において編集者・宮嶋圀夫はいちはやく同作を掲載してしまうのである[4]。つまり、川添登の登場以前に、白井晟一に対するジャーナリズムの関心はある程度醸成されていたと言ってよい。

　つまり川添登は白井晟一を世に出した最初の編集者ではなかった。しかし、内藤の言う川添の「ピックアップ」の手法は、非常に斬新なものであったことは間違いない。今回、展覧会準備のため、遺族が所有する川添登旧蔵の資料を調査することができた。川添は戦前から1976年頃までの、白井晟一に関するジャーナリズムの文献をくまなく丁寧に切り貼りし、スクラップして保管していた。そればかりでなく、白井晟一のハイデルベルク大学における入学願書や、今回出品されている白井晟一の1930年の日記、あるいはよりプライヴェートな書類にいたるまで、複写して手元に保管していた。これらが示すのは、川添が建築作品と同じか、それ以上に白井晟一という人間への関心を強く持っていたという事実である。川添が執筆した白井晟一に関する初の伝記、『白井晟一　建築とその世界』（1978年）は、こうした資料収集の成果と見ることができるだろう。

　実は、川添以前のジャーナリズムに白井晟一の人間像に関する情報はあまり登場しない。戦前の記事

は《河村邸》について「画家近藤浩一路氏の家」のように、施主と建物を結びつけ紹介するものばかりであった。これは戦後に出された『建設情報』の「渡部博士邸」の記事も同様である。変化がみられるのはやはり川添が係わった『新建築』で、三輪が編集した1952年12月号には白井晟一自身の言葉（「秋田の人々は雪をおそれている。」で始まる『無窓』冒頭のエッセイ）が掲載されてからである。

川添登の評論

　しかし川添は、白井の言葉を掲載するだけでは満足しなかった。より他者の視点から、構築的に、白井晟一の人物像を物語ろうとする。

　その最たるものが、1955年4月に発表された「原爆時代に抗するもの―白井晟一論序説―」であろう。「チェーホフは死んだ。そこでわれわれも今は自由に彼について語れるのである」という印象的なレフ・シェストフ『虚無よりの創造』を引用して始まるこの評論は、白井晟一の〈傾向〉、つまり、身命を投げうって取り組むべき、創作者にとっての課題とは一体何かと問いかけ、その答えを「原爆堂計画」に見出そうとする。これはおそらく、初めて白井晟一の人物像について他者の視点から書かれた評論であり、しかもその分量は全体のおよそ3分の2を占める。つまりこの評論は「原爆堂計画」を論じながらも、実際はほとんど作家論として書かれているのである。

　結果、川添はこの評論において、白井晟一のその後の作家像を方向づける数々のイメージを提示することに成功した。「孤立」した「精神主義」者であると同時に「民衆の作家」、「創造」的であると同時に「伝統」主義者でもある白井晟一のイメージである。白井は両義的で捉えがたい人物、対立的な要素を同時に持ち合わせ、複雑で魅力ある人物として描き出されていく。冒頭の引用文で暗示されているよ

うに、存命中の白井晟一を描ききることはできないことを川添は理解したうえで、あえてその複雑さや謎じたいを強調してみせたのである。

　白井晟一が《善照寺本堂》（1958年）を竣工させると、川添は翌年『近代建築』誌上で「祈りの造形―善照寺によせて―」を発表する[5]。川添はこのときすでに『新建築』をはなれ、フリーの評論家となっていた。この論が特筆に値するのは、宗教的な主題が初めて登場するところにある。さらに、白井が発表したエッセイ「めし」（1956年）が、《善照寺本堂》の理解を助けるものとして引用されていることにも注目したい。エッセイ「めし」は、「生を養うのは天の恵与たるその残滓」としての「めし」（ご飯）だとして、自然風土から農耕を経て日本的宗教観（祈り）が生まれる過程を論じたものである。このエッセイを分析し、さらに善照寺の切妻屋根は民家や、弥生時代の穀物倉庫の形式の引用である、という明確なロジックを打ち出すことによって、「めし」を生み育てた民衆の素朴な信仰と、仏教寺院の信仰とはひと続きのものとして説明される。つまり、川添は「めし」に見られる思想の体現として《善照寺本堂》を読み解こうとするのである。これは作者の思考を、過剰に作品へ投影した事例とも言えるだろう。「白井晟一の建築は、建物として評価すべきものではない。それは造形による文明批判とでも見るべきだろう。」という結びの一言にいたっては、建築作品そのものが、白井の精神によってあまねく支配しつくされてしまっているような印象を受ける。

　こうした川添の批評は、同時代の建築界で衝撃を持って受け止められ、賛辞と同時に激しい批判も生み出した[6]。川添によると、批判は『新建築』を囲んでいた「圧倒的多数の方々」から提示され、賛辞は「地方の名のしれぬ読者」たちからであったという。川添登によって、白井晟一の登場は〈事件〉となっ

ていくのである。

主体性を求める建築家たち

　作品論のなかで人物像を語ることは、作品に対す
る、作家の主体性について語ることでもある。白井
晟一が〈事件〉となったのは、戦後建築界における
主体性ある作家（白井晟一）の登場が、あまりにもセ
ンセーショナルだったからである。それはなぜか、
2つの視点から説明を試みたい。

　まず1つめは、戦中、戦後期に建築家はつねに他
律的であることを強いられていたからである。
1938年の国家総動員法の制定以降、技術官僚の建
築家は日本技術協会の会員として国家に貢献するこ
とを強制され、民間の建築家は日本建築士公用団や
日本建築設計管理統制組合といった組織に一元的に
組み込まれていった[7]。すべての設計が国家の利益
に叶うものであることが求められる一方で、そもそ
も緊縮財政のために建設資材は制限され、国内で満
足に建築を建てることなど殆どできなかった。

　戦後にいたって、復興のための都市計画が各地で
唱導されるようになると、戦前は鳴りを潜めていた
社会主義者やモダニストの建築家が団結して新日本
建築家集団・NAU（1947年）が結成され、これから
の時代に求められる建築の理想が模索されるように
なる。しかしそこで議論されたのは建築の機能性
（生産しやすさ、効率のよさ）に基づいて、貧しい人から
豊かな人まで、一様に質の高い建築を提供しようと
する理想であり、そこに作家主義、つまり個性や表
現を重んじる思想が入り込む余地はなかったのであ
る[8]。しかし、あまりにも理想主義的で禁欲的な
NAUの方針は次第に内部分裂を生み、1951年頃に
は自然解散を迎えてしまう。戦中は国家のために、
戦後は市民のために働くことを絶対的な倫理として
押し付けられた建築家たちにとって、芸術性や美と

いった自律的な価値を追い求めることは、社会への
反動としてタブー視されていたのである。

　2つ目は、建築家間の競争が激化していたからで
ある[9]。日本建築学会が編集した『近代日本建築学
発達史』によれば、1938年の時点で2295人だった
建築学生の数は、1958年には9040人にまで増加し
ているという。戦中・戦後を挟んだ20年の間に、4
倍近くにまで増加しているのである。ちなみに1968
年に至ると、さらに学生数は19,117人にまで膨れ上
がっていく。若手の建築家予備軍にとって、これは
競争の激化を意味する。生き残り戦略が必要なので
ある。しかも未だ実作のない建築家にとって、示す
ものは自分自身の思考しかない。自分の中から生ま
れる独創的なアイデアによって、他者との差別化を
図るしかないのである。1950年に住宅金融公庫が発
足し、戦後の住宅不足のための補助金が出るように
なると、建築のジャンルの中でも、住宅が新人建築
家にとっての主戦場となっていく。若者たちは将来
の施主との対話のために、自分をより魅力的に伝え
る必要に迫られ、「必要以上の表現を自らに課す若
い作家たちの競争」が巻き起こってゆくのである[10]。

　1920年に、建築は芸術であるとして立ち上がっ
た分離派建築会のように、建築の自己表現としての
側面は以前から認識され共有されていた。しかし今
までみてきたように、戦中・戦後の抑圧の時期を経
て、この考え方は必ずしも市民権を得られたとはい
えなかった。1950年代は、ようやくそうした制約
から解放され、自由競争が激化することによって、
作家性や表現の単独性それ自体が求められ始めてい
た。言い換えるならば、この時代は建築家の主体性
の確立が希求された時代として位置づけられるので
はないだろうか。であればこそ、建築ジャーナリズ
ムにおいて白井晟一の登場は、衝撃的な〈事件〉に
なりえたと考えられるのである。

その後、川添は白井晟一やその建築について、最前線に立って発信することはなくなっていく。1960年の「建築家・人と作品」の連載や、1974年の『白井晟一の建築』など、それ以降に執筆したものは、回顧や総論が多い[11]。その理由はおそらく、川添の白井論が、1959年に執筆された「祈りの造形」に至って完成を見たからだろう。川添の評論は、白井晟一という建築家を世に知らしめるという、使命を果たしたのである。

白井晟一は1961年に高村光太郎賞を受賞する。造形部門に選出された初めての建築家となった。高村光太郎賞は、1957年に設立された芸術家や文学者に送られる賞であるが、白井晟一への最初の公式な評価が、芸術家としてのものであったことは示唆的である。つまりそれは、川添が主導した、「精神主義の作家」としての白井像をストレートに受け取った結果と考えられるからである。事実、同年に発表されたメディア報道の多くは川添が1955年に生み出した当初のイメージに沿うものであり、そのどれをとっても、青年時代に哲学を学んだ異色の経歴、というエピソードが添えられているのであった。

一見、白井さんは建築家とは思えない、静かな、ゆったりした物腰、白いあごひげ、思索的な目……哲学者といった感じである。
「人　高村光太郎賞を受ける　白井晟一」『朝日新聞』1957年2月28日

彼はいつも、技術からではなく思想から建築に近づいてゆく。図面上で建築を造形するのではなく、思想を建築化するために図面を使う。
神代雄一郎「詩人建築家・白井晟一」『芸術新潮』1957年6月号

まとめ

従来、強固に形成されてきた白井晟一の精神主義的なイメージは、主として白井内部の表現論・創作論として磨かれ、深められてきた。しかしそうした言説の多くは、どこかワンパターンな議論に収束しがちだったこともまた、事実である。しかし川添登というキー・パーソンの働きを媒介にすれば、それとは別の角度から、白井晟一という人物が実は今まで予想されていたよりも、より広い領域に影響を与えていた可能性が見えてくるだろう。1950年代の建築界では、建築家とは何を使命とするべきか、その自己アイデンティティとは何か、という内実に対する問いかけは改めて始まったばかりであった。白井晟一という建築家の「イメージ」はそのなかで、極端ではあったものの、魅力的なモデルとして構築されていったのである。

もちろん、川添の評論をとりまく力学は、本稿で取り扱ったよりもはるかに複雑である。たとえば、丹下健三に相対する白井晟一、つまり建築界のスタンダードに対するアンチテーゼの役割を同時に担わせていたとは、これまでもよく論じられてきた。これからは川添の評論がはらむ多重性、あるいは振れ幅を、解きほぐしていく作業が必要だろう。

註
1　五十嵐太郎『日本建築入門—近代と伝統』筑摩書房、2016年、pp.159〜162
2　『近代建築』1985年2月号、p.144
3　川添登「滴滴居と虚白庵のあいだ」『白井晟一研究Ⅳ』p.75
4　川添登「滴滴居と虚白庵のあいだ」『白井晟一研究Ⅳ』p.76
5　川添登「祈りの造形—善照寺によせて—」『川添登評論集 第一巻 建築Ⅰ』産業能率短期大学出版部、1976年、pp.237〜252（初出『近代建築』1959年5月号）
6　川添登「あとがき」『川添登評論集　第一巻　建築Ⅰ』産業能率短期大学出版部、1976年、pp.263〜266
7　日埜直彦『日本近現代建築の歴史』2021年、pp.177〜180
8　「資料　新日本建築家集団（NAU）綱領＋解説」松井昭光監修、本多昭一『近代日本建築運動史』ドメス出版、2003年、p.239〜240
9　松村淳『建築家として生きる　職業としての建築家の社会学』晃洋書房、2021年、pp.37〜40
10　植田一豊「建築家は住宅設計で生きられるのか」RIA住宅の会編『疾風のごとく駆け抜けたRIAの住宅づくり』彰国社、2013年、p.38
11　真島俊一、寺出浩司、佐藤健二編『川添登　著作目録』ドメス出版、1997年、pp.31〜191

白井晟一　全建築リスト101

[凡例]
本出品リストは、作品番号・タイトル（主に建物名、日英）・年代・地名（日英）・現存情報（日英）・施工・基本情報の順に表記される。情報不明の項目については省略した。
作成にあたって『白井晟一 精神と空間』展図録（青幻舎、2010年）の情報を基礎とし、適宜加筆した。

[地名について]
※現存するものは現在の地名で表記した。
※現存しないものは竣工当時の地名で表記した。
※移築され現存するものは、当時と現在の地名を併記した。

[現存情報について]
※2021年10月時点で建築の大枠が保存されているものは現存とした。反対に、完全に解体されたもの、外装・内装の一部のみ残るものは「現存せず」および「一部現存」と表記した。

1
河村邸（旧近藤浩一路邸）
Kawamura Residence (the former Kondo Koichiro Residence)
1935〜36
東京、東久留米市｜Tokyo
現存せず｜Demolished
鈴木建築事務所｜pp.28〜29参照

2
歓帰荘
Kankiso Villa
1935〜37
静岡、田方郡伊豆長岡町→長野、南佐久郡（移築）｜Shizuoka (Moved to Nagano)
現存｜Extant
直営｜pp.32〜33参照

3
近藤浩一路邸（2軒目）
Kondo Koichiro Residence (No. 2)
1938〜40
東京、豊島区｜Tokyo
現存せず｜Demolished
直営｜p.30参照

4
山中山荘
Yamanaka Villa
1939
山梨、南都留郡｜Yamanashi
現存せず｜Demolished
直営｜p.31参照

5
関根秀雄邸
Sekine Hideo Residence
1941
東京、杉並区｜Tokyo
現存せず｜Demolished
直営｜関根秀雄（1895〜1987年）は仏文学者、モンテーニュ研究者。

6
嶋中山荘（夕顔の家）
Shimanaka Villa (Moonflower House)
1941
長野、北佐久郡軽井沢町｜Nagano
現存せず｜Demolished
直営｜竣工の日にマントルピースの煙突の継ぎ目から建物に引火し焼失。しかし僅かの間に寸分たがわぬ姿で再建された。｜p.34参照

7
清沢洌山荘
Kiyosawa Kiyoshi Villa
1941
長野、北佐久郡軽井沢町｜Nagano
現存せず｜Demolished
直営｜p.35参照

8
嶋中雄作邸
Shimanaka Yusaku Residence
1942
東京、新宿区｜Tokyo
現存せず｜Demolished
不二建設

9
光音劇場計画
Ko-on Theatre Plan
1946
宮城、仙台｜Miyagi
実現せず｜Unbuilt
p.184参照

10
三里塚農場計画
Sanrizuka Farm Plan
1946
千葉、三里塚｜Chiba
実現せず｜Unbuilt
pp.186〜187参照

11
嶋中邸書屋
Shimanaka Residence Library
1947〜48
静岡、熱海市｜Shizuoka
現存せず｜Demolished
中村組（大村健策氏の実家）｜嶋中雄作は1949年、熱海の別邸で没している。

12
羽後病院
Ugo Hospital
1948
秋田、羽後町｜Akita
現存せず｜Demolished
柴田組｜白井晟一の秋田で最初の作品。ウィング・システムと呼ばれるY字型プランが特徴である。現在、羽後町歴史民俗資料館に復元模型が展示されている。

13
浮雲
Ukigumo (located in Unazumi Hot Spring)
1949〜52
秋田、湯沢市｜Akita
現存｜Extant
沼倉組｜pp.40〜41参照

14
秋ノ宮村役場
Akinomiya Village Office
1950〜51
秋田、雄勝町秋ノ宮→湯沢市秋ノ宮（稲住温泉敷地内、移築）｜Akita
現存｜Extant
沼倉組｜pp.44〜47参照

15
秋田木材（林業）**会館計画**
Akita Lumber (Forestry) Hall Plan
1951
秋田、秋田市中長町｜Akita
実現せず｜Unbuilt

16
山月席（T旅館客室）
Sangetsuseki (Guest Room in T Inn)
1951
秋田、湯沢市｜Akita
現存せず｜Demolished
岡野工務店｜p.60参照

17
山花席（O邸客室）
Sankaseki (Guest Room in O Residence)
1951
秋田、湯沢市｜Akita
不明｜Current state unknown
岡野工務店｜p.63参照

18
瀧瀬邸
Takise Residence
1951
東京、練馬区｜Tokyo
不明｜Current state unknown
直営

19
土筆居（近藤浩一路邸）
Tsukushikyo (Kondo Koichiro Residence)
1952〜53
東京、豊島区｜Tokyo
現存せず｜Demolished
直営｜pp.74〜75参照

20
滴々居（白井晟一自邸）
Tekitekikyo (Shirai Seiichi Residence)
1951〜
東京、中野区（一部現存、千葉と長野に移築）｜Tokyo (Moved to Chiba and Nagano)
一部現存｜Partially extant
直営｜pp.70〜71参照

21
仙北組合病院計画
Senpoku Kumiai Hospital Plan
1952
秋田県 | Akita
実現せず | Demolished

22
杉本産婦人科医院
Sugimoto Obstetrics & Gynecology Hospital
1952
不明 | Unknown
不明 | Current state unknown
木造

23
アトリエ No. 5（旧高山アトリエ／白井アトリエ）
Studio No. 5 (the former Takayama Studio / Shirai Studio)
1952
東京、中野区 | Tokyo
現存 | Extant
直営 | p.78参照

24
大館木材会館
Odate Lumber Hall
1953
秋田、大館市 | Akita
現存 | Extant
鷹ノ巣土建株式会社 | p.53参照

25
試作小住宅（渡部博士邸）
Experimental Mini House (Doctor Watanabe Residence)
1953
東京、世田谷区→秋田、湯沢市（移築）| Tokyo (Moved to Akita)
現存 | Extant
中村組（大村健策氏の実家）、風基建設ほか（移築時）| pp.76～77参照

26
半宵亭（鷹の湯温泉）
Hansho Residence (located in Takanoyu Hot Spring)
1952～54
秋田、湯沢市 | Akita
現存 | Extant
直営 | p.61参照

27
高久多吉邸計画
Takaku Takichi Residence Plan
1953
秋田、横手市 | Akita
実現せず | Unbuilt
高久酒造の主人のために設計された住宅。形式としては軒の出ない《四同舎》の系譜に属する。

28
半澤氏邸
Hanzawa Residence
1952～53
東京、練馬区 | Tokyo
不明 | Current state unknown
飯塚工務店

29
稲住温泉本館玄関増築
Inazumi Hot Spring Main Building Entrance Expansion
1953
秋田、湯沢市 | Akita
一部現存 | Partially extant
直営 | pp.42～43参照

30
大曲（仙北）木材会館計画
Omagari (Senpoku) Lumber Hall Plan
1953
秋田、大曲市 | Akita
実現せず | Unbuilt

31
雄勝中央病院
Ogachi Chuo Hospital
1953
秋田、雄勝町 | Akita
現存せず | Demolished
高久建設

32
琅玕席（高久邸蔵屋敷内茶室）
Rokanseki (tea room in Takaku Sake Brewery)
1949～50
秋田、湯沢市 | Akita
現存 | Extant
岡野工務店 | p.62参照

33
煥乎堂
Kankodo (bookshop in Maebashi, Gunma Prefecture)
1953～54
群馬、前橋市 | Gunma
現存せず | Demolished
前橋土建株式会社 | pp.86～89参照

34
知宵亭（岡源）
Chishotei (restaurant in Okagen, Gunma Prefecture)
1953～54
群馬、高崎市 | Gunma
現存せず | Demolished
池下工業株式会社 | p.90参照

35
小平の家（上村占魚邸）
Kodaira no Ie (Uemura Sengyo Residence)
1953～54
東京 | Tokyo
現存 | Extant
滝川工務店 | p.91参照

36
萩原朔太郎詩碑計画
Hagiwara Sakutaro Poem-inscribed Monument Plan
1954
群馬、前橋市 | Gunma
実現せず | Unbuilt
詩人・萩原朔太郎は高橋元吉の盟友であった。この計画も高橋を通じてもたらされたものと思われる。

37
アトリエ No. 6（分部順治邸）
Studio No. 6 (Wakebe Junji Residence)
1955
東京、練馬区 | Tokyo
現存 | Extant
滝川工務店 | pp.94～95参照

38
原爆堂計画
Temple of Atomic Catastrophes
1954～55
広島、広島市 | Hiroshima
実現せず | Unbuilt
p.188～189参照

39
半僧坊計画
Hanzobo Plan (temple building)
1955
群馬、安中市 | Gunma
実現せず | Unbuilt
p.185参照

40
中山邸（改装）
Nakayama Residence (renovation)
1955
東京、品川区 | Tokyo
現存せず | Demolished
直営

41
松井田町役場
Matsuida Town Office
1955～56
群馬、安中市 | Gunma
現存 | Extant
鹿島建設株式会社 | pp.92～93参照

42
三国レイクサイドホテル計画
Mikuni Lakeside Hotel Plan
1955～56
群馬、利根郡 | Gunma
実現せず | Unbuilt

43
野田ウィークエンドロッジ計画
Noda Weekend Lodge Plan
1956
不明 | Unknown
実現せず | Unbuilt

44
永田邸計画
Nagata Residence Plan
1956
不明 | Unknown
実現せず | Unbuilt

45
竹本邸計画
Takemoto Residence Plan
1956
不明 | Unknown
実現せず | Unbuilt

46
料亭岡本
Ryotei Okamoto (Japanese-style Restaurant)
第1次：1955〜56
第2次：1965〜66
(First:1955·56, Second:1965·66)
長野、長野市｜Nagano
一部現存｜Partially extant
直営｜現在もオーナー一家によって管理されている。階段など、内装の一部が現存している模様である。

47
雄勝町役場
Ogachi Town Hall
1956〜57
秋田、湯沢市｜Akita
現存せず｜Demolished
三信建設｜p.52参照

48
東北労働会館（秋田労働会館）計画
Tohoku Labor Hall (Akita Labor Hall) Plan
1957
秋田、秋田市｜Akita
実現せず｜Unbuilt
pp.190〜191参照

49
秋田市立美術館計画
Akita Municipal Art Museum Plan
1957
秋田、秋田市｜Akita
実現せず｜Unbuilt
pp.192〜193参照

50
奥田酒造店（奥田邸）
Okuda Sake Brewery (Okuda Residence)
1957
秋田、大仙市｜Akita
現存｜Extant
岡野工務店｜pp.64〜65参照

51
鳴子ホテル
Naruko Hotel
1957〜58
宮城、鳴子町｜Miyagi
現存せず｜Demolished
不明

52
善照寺本堂
Zensho-ji Main Hall
1956〜58
東京｜Tokyo
現存｜Extant
株式会社竹中工務店｜pp.98〜99参照

53
四同舎（湯沢酒造会館）
Shidosha (Yuzawa Sake Brewery Hall)
1957〜59
秋田、湯沢市｜Akita
現存｜Extant
清水建設株式会社｜pp.48〜51参照

54
増田夫妻のアトリエ
The Masudas' Studio
1959
東京、世田谷区｜Tokyo
現存｜Extant
直営、一部岡野工務店｜p.79参照

55
古川邸（旧木村邸）
Kokawa Residence (the former Kimura Residence)
1959
埼玉、所沢市｜Saitama
現存せず｜Demolished
直営、一部岡野工務店夫婦2人のために建てられた楣構造、16坪（52.9㎡）の小住宅。『現代和風の住宅』（1959年）に掲載されている。

56
荻島邸及び荻島小児科医院
Ogishima Residence and Ogishima Pediatric Hospital
1959
東京、調布市｜Tokyo
不明｜Current state unknown
直営、一部岡野工務店

57
嵐亭（浮雲離れ）／漣亭（浮雲離れ）／杉亭（浮雲離れ）
Rantei (Ukigumo Annex) / Rentei (Ukigumo Annex) / Santei (Ukigumo Annex)
1959〜63／1959〜63／1959〜63
秋田、湯沢市｜Akita
現存｜Extant
直営｜pp.42〜43参照

58
鵬亭（浮雲離れ）
Kantei (Ukigumo Annex)
1959
秋田、湯沢市｜Akita
現存｜Extant
直営｜稲住温泉の離れのなかで唯一茶室がないことから、白井の原設計とは言えない可能性もある。

59
モン・ルポ
MON REPOS
1959
東京、中央区｜Tokyo
現存せず｜Demolished
不明

60
日本電業工作KK本社工場
Nihon Dengyo Kosaku Co., Ltd., Main Plant
1960
東京、練馬区｜Tokyo
現存せず｜Demolished
田中土建株式会社｜白井のただ一つの工場建築。木造のローコスト建築で、工場棟と経理棟に分かれていた。1995年に解体。

61
中山鉱業中山寮計画
Nakayama Mining Company Dormitory Plan
1960

不明｜Unknown
不明｜Current state unknown

62
大木邸計画
Oki Residence Plan
1961
不明｜Unknown
実現せず｜Unbuilt

63
浜野邸
Hamano Residence
1961
不明｜Unknown
実現せず｜Unbuilt
不明

64
飯塚邸
Iizuka Residence
1961〜62
長野、長野市｜Nagano
現存せず｜Demolished
直営｜p.102参照

65
飯塚医院
Iizuka Residence Clinic
1961〜62
長野、長野市｜Nagano
現存｜Extant
直営｜p.102参照

66
横手興生病院
Yokote Kohsei Hospital (kitchen wing)
1956〜70
秋田、横手市｜Akita
現存せず｜Demolished
株式会社大和組｜p.54参照、2008年解体。

67
近藤浩一路墓碑
Gravestone for Kondo Koichiro
1962
東京、台東区｜Tokyo
現存｜Extant
不明｜p.103参照

68
山本邸計画
Yamamoto Residence Plan
1962／1963
兵庫、芦屋市｜Hyogo
実現せず｜Unbuilt

69
高原社富士レイクハイム計画
Kogensha Fuji Lakeheim Plan
1963
不明｜Unknown
実現せず｜Unbuilt

70
親和銀行東京支店
Shinwa Bank, Tokyo Branch
1962〜63
東京、中央区｜Tokyo

現存せず｜Demolished
大成建設株式会社｜pp.104〜107参照

71
親和銀行大波止支店
Shinwa Bank, Ohato Branch

1963/68/72
長崎、長崎市｜Nagasaki
現存｜Extant
株式会社金子組、株式会社竹中工務店（増築部分）｜pp.108〜111参照

72
呉羽の舎（柿腸舎）
Kureha no sha (Shichosha)

1963〜65
富山｜Toyama
現存｜Extant
直営｜白井晟一の和風の最高傑作として名高い。呉羽山の広大な敷地に門屋・主屋・書屋が配置される。地元で得られた栗材をふんだんに用いて建てられた。

73
鹿子木邸
Kanokogi Residence

1964〜65
千葉、流山市｜Chiba
不明｜Current state unknown
飯塚工務店

74
大川ビルディング計画
Okawa Building Plan

1965
大阪、大阪市｜Osaka
実現せず｜Unbuilt
多孔状の壁面に覆われた右手の低層部に、階段室の搭が合わさる。《横手興生病院》と《親和銀行本店》の中間地点に位置する作品。『白井晟一研究V』に図面あり。

75
高松I邸計画
Takamatsu I Residence Plan

不明 (Unknown)
香川、高松市｜Kagawa
実現せず｜Unbuilt

76
親和銀行本店第1期
Shinwa Bank, Main Branch Stage 1

1966〜67
長崎、佐世保市｜Nagasaki
現存｜Extant
株式会社竹中工務店｜pp.112〜117参照

77
親和銀行本店第2期
Shinwa Bank, Main Branch Stage 2

1968〜70
長崎、佐世保市｜Nagasaki
現存｜Extant
株式会社竹中工務店｜pp.118〜123参照

78
宮本邸　書斎増改築
Miyamoto Residence (study expansion and renovation)

1967
不明｜Unknown
不明｜Current state unknown
不明

79
虚白庵
Kohakuan (Shirai Seiichi Residence)

1967〜70
東京、中野区｜Tokyo
現存せず｜Demolished
直営｜pp.138〜141参照

80
昨雪軒
Sakusetsuken (private residence)

1968〜71
秋田、横手市｜Akita
現存｜Extant
株式会社大和組｜pp.142〜143参照

81
海山居
Kaizankyo

1967〜68
千葉、富津市｜Chiba
現存｜Extant
大進工業｜p.72参照

82
正法適々軒
Shoho Tekitekiken

1960年代 (1960's)
長野、北佐久郡軽井沢町｜Nagano
現存｜Extant
p.73参照

83
瑠璃光堂計画
Rurikodo Plan (temple building)

1970
不明｜Unknown
実現せず｜Unbuilt

84
サン・セバスチャン館
St. Sebastian Hall

1971〜72
茨城、日立市｜Ibaraki
現存｜Extant
大成建設｜pp.146〜147参照

85
尻別山寮
Shiribetsu Sanryo (company resort facility and dormitory)

1971〜72
北海道、虻田郡｜Hokkaido
現存｜Extant
大成建設｜pp.144〜145参照

86
サンタ・キアラ館
Santa Clara Hall

1973〜74
茨城、日立市｜Ibaraki
現存｜Extant
株式会社竹中工務店｜pp.148〜153参照

87
ノアビル
NOA Building

1972〜74
東京、港区｜Tokyo
現存｜Extant
株式会社竹中工務店｜pp.154〜155参照

88
親和銀行本店第3期　電算事務センター（懐霄館）
Shinwa Bank Main Branch Stage 3 Computer Center (Kaishokan)

1973〜75
長崎、佐世保市｜Nagasaki
現存｜Extant
株式会社竹中工務店｜pp.124〜133参照

89
大村道場計画
Omura Dojo Plan (storage facility for Shirai's beloved art collection)

1975
長崎、大村市｜Nagasaki
実現せず｜Unbuilt
p.197参照

90
京都ホテル計画
Kyoto Hotel Plan

1976
京都、京都市｜Kyoto
実現せず｜Unbuilt
p.194参照

91
N美術館計画
N Museum Plan

1978
不明｜Unknown
実現せず｜Unbuilt
p.195参照

92
鷺宮杉浦邸
Saginomiya Sugiura Residence

1978
東京、中野区｜Tokyo
現存せず｜Demolished
石間工務店

93
渋谷区立松濤美術館
The Shoto Museum of Art

1978〜80
東京、渋谷区｜Tokyo
現存｜Extant
株式会社竹中工務店｜pp.158〜165参照

94
静岡市立芹沢銈介美術館（石水館）
Shizuoka City Serizawa Keisuke Art Museum (Sekisuikan)

1979〜81
静岡、静岡市｜Shizuoka
現存｜Extant
大成建設株式会社｜pp.166〜171参照

95
北村徳太郎記念美術館計画
Kitamura Tokutaro Commemorative Museum
Plan

1980
長崎、佐世保市｜Nagasaki
実現せず｜Unbuilt
p.196参照

96
M（ジャコモ・マンズー）美術館計画
M (Giacomo Manzù) Museum Plan

1980
東京、八王子市｜Tokyo
実現せず｜Unbuilt
白井の没後、建築家・磯崎新の実施設計により
東京造形大学構内に実現。

97
亜門茶廊
Amon Saro (coffee shop inside Imperial Hotel)

1981

東京、千代田区｜Tokyo
現存せず｜Demolished
不明｜帝国ホテル本館地下一階にあった喫茶店
のインテリア設計。1982年度商空間ディスプ
レイ賞を受賞。

98
桂花の舎
Keika no Sha (private residence)

1983〜84
神奈川｜Kanagawa
現存｜Extant
数寄屋建設＋高倉石材｜pp.176〜177参照

99
雲伴居
Unpankyo (private residence)

1983〜84
京都｜Kyoto
現存｜Extant
コトブキ工務店ほか｜pp.178〜179参照

100
浄智寺庫裡
Jochi-ji Kuri (kitchen and living quarters for
temple priests)

1983〜84
神奈川、鎌倉市｜Kanagawa
現存｜Extant
不明｜白井晟一の没後に完成したため、これま
で作品集などには未掲載。

101
びわ湖北寮
Lake Biwa Hokuryo (company resort facility
and dormitory)

1983〜84
滋賀、長浜市｜Shiga
現存｜Extant
澤村｜p.180参照

外観を眺望できるおもな白井建築所在地

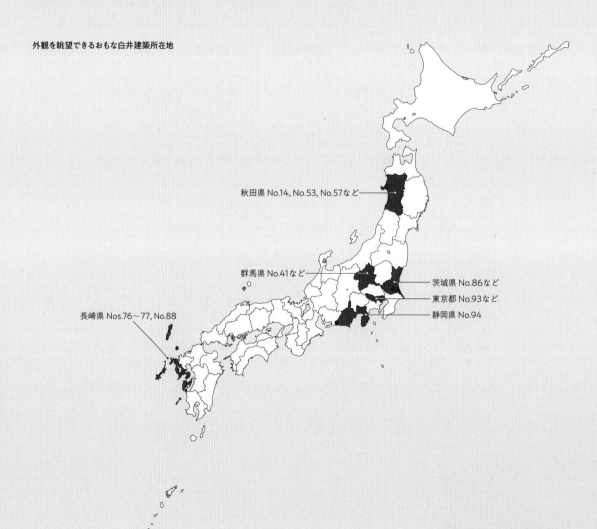

秋田県 No.14, No.53, No.57など

群馬県 No.41など

茨城県 No.86など

東京都 No.93など

静岡県 No.94

長崎県 Nos.76〜77, No.88

（注意）現存する白井建築の多くは、現役で活用
されている施設や個人所有の建物です。公開さ
れていない場合は、見学などをお控えください。

白井晟一　略年譜

本年譜の作成にあたり、おもに次の資料を参考にした。
・谷内克聡、畑中章宏編「白井晟一年譜」『白井晟一　精神と空間』展図録　2010年、青幻舎
・「白井晟一年譜」『建築文化』1985年2月号、彰国社

西暦	年号	年齢		《建築作品》「計画」
1905	明治38	0歳	2月5日(旧暦正月元旦)、白井七蔵・えんの長男として、京都三条大宮で生まれる。白井家は代々銅を扱う豪商であったというが、当時すでに廃業に近く、油屋を営んでいたという。本名、白井成一。7歳上の姉の清子、弟の隆吉がいる。	
1914	大正3	9歳	3月、姉の清子が京都美術学校の学生であったときに絵画指導に来ていた画家の近藤浩一路と結婚。	
1915	大正4	10歳	義兄の近藤浩一路が読売新聞社に入社する。近藤はこの後漫画や挿絵を描き、人気を博していく。	
1917	大正6	12歳	父の七蔵死去(42歳)。その後まもなく、東京府本郷湯島にあった姉・清子の嫁ぎ先である近藤浩一路邸に身を寄せる。	
1918	大正7	13歳	4月、青山学院中等部に入学。	
1922	大正11	17歳	第一高等学校受験に失敗。東京物理学校(現東京理科大)に籍を置く。義兄の近藤が渡欧し約半年間フランス滞在。	
1923	大正12	18歳	9月、関東大震災で東京の近藤邸は炎上。一時、横山大観邸に身を寄せるが、まもなく弟の隆吉とともに、京都市上京区大宮通一条上ルに移転した近藤邸に移る。近藤はこの自邸を「墨心舎」と名づけ、画塾を開いていた。近藤邸には画家仲間である藤田嗣治、中川一政、岡本一平・かの子らがしばしば逗留した。	
1924	大正13	19歳	4月、京都高等工芸学校(現京都工芸繊維大学)図案科に入学。図案科の担当教授は、東京帝国大学の建築学科出身の建築家本野精吾。また本野が舞台デザインに協力した「エラン・ヴィタール」という劇団の活動にも参加。	
1926	大正15/昭和元	21歳	京都高等工芸学校の講師に来ていた哲学者の戸坂潤に兄事する。戸坂の紹介で、京都帝国大学文学部哲学科教授(美学美術史学講座)深田康算の門をたたく。	
1928	昭和3	23歳	4年間かけて3月京都高等工芸学校卒業(通常は3年間)。卒業時の学校側の記録では、就職先は「京都市染織試験所」。母・えん死去(54歳)。これを契機に深田康算の勧めもあり、渡欧を決意し、ハイデルベルク大学に入学。入学時の書類では第一希望の専修は「哲学科美術史」。目的の哲学者ハインリッヒ・リッケルトが高齢だったため、より若手のカール・ヤスパース教授の講義を聴くが語学の壁が厚く、「幻燈」を使用する美術史の教授アウグスト・グリーゼバッハの授業でゴシック建築に興味を持つ。	
1931	昭和6	26歳	2月、義兄・近藤が弟子・茨木杉風を伴って渡仏し、パリ16区カモアン大通りのアパルトマンを借り、4月18日～27日まで個展を開催。アンドレ・マルローらが訪れる。白井もこの個展の手伝いのためにパリに行く。9月、ベルリン大学に移る。ベルリンでは、鈴木東民の後を受け、市川清敏と共に邦人向けの左翼新聞『伯林週報』の編集にたずさわる。	
1932	昭和7	27歳	アンドレ・マルローの斡旋で、パリの『新フランス評論(N.R.F.)』社のギャラリーで、近藤浩一路の個展が開催される(6月)。今回は近藤は渡仏しなかったが、白井は個展の準備のために3月頃から再びパリに行き、後の美術評論家の今泉篤男、作家の林芙美子らと交流。ベルリンに戻った後、9月以降に中央公論社特派員だった香川重信とともにモスクワを訪れる。	

西暦	年号	年齢		《建築作品》「計画」
1933	昭和8	28歳	この年のはじめ、シベリア経由で帰国。その後、東京山谷の労働者街で孤児の世話をしたりしながら2カ月ほど暮らす。	
1934	昭和9	29歳	京都帝国大学で美学を専攻した弟の隆吉及びその仲間たちと、千葉県清澄山中に「大投山房」と名づけた山小屋を建て、新しき村と禅の道場を兼ねたような共同生活を始めたが、1年ばかりの間に自然解散となる。 友人の市川清敏との縁から、近衛文麿のブレーンの後藤隆之助が企画した国際文化協会設立に参加するが、この協会は実現せず、それにかわって市政革新同盟事務局長を務めるが、すぐに辞職。	
1935	昭和10	30歳	京都に住んでいた義兄の近藤浩一路夫妻が、子どもの「自由学園」への進学や東京での教育のために、東京府北多摩郡久留米村南沢学園町167に自邸兼アトリエを新築を計画。建築家で英国家具などを扱う銀座の「美貌堂」店主でもある平尾敏也に設計を依頼したが、東京にいた白井が設計のほとんどを決定し、建築家としての道を歩み出すこととなる。近藤はこの家を「土筆居」と名付け、翌年7月に転入。	
1936	昭和11	31歳	近藤の従弟にあたる画家柏木俊一の紹介で、伊豆長岡の旅館白石館の女主人の師岡和賀からの依頼で、新しい離れの《歓帰荘》を設計。伊豆で江川太郎左衛門邸を知り、感銘を受ける。 近藤が連載時に挿絵を描いていた山本有三の小説『真実一路』(新潮社)の書籍化にあたり装丁を初めて手がけ、「南沢用介」のペンネームを用いる。	《河村邸(旧近藤浩一路邸)》
1937	昭和12	32歳	河村照子と結婚。南沢の騒音のため8月に四谷区南寺町に転居した近藤邸に同居する。	《歓帰荘》
1938	昭和13	33歳	長男・彪介誕生。1月、四谷の近藤邸が火災に遭い、共に小石川区同心町に仮寓。	
1939	昭和14	34歳		《山中山荘》
1940	昭和15	35歳	近藤が豊島区北大塚に土地を購入して自邸兼アトリエを新築、その設計を手がけ、2代目の「土筆居」となる。	《近藤浩一路邸(2軒目)》
1941	昭和16	36歳	近藤と交流のあった中央公論社社長、嶋中雄作の知遇を得て、その山荘、自邸、別荘などの設計を手がける。 同心町より静岡県用宗に転居。	《嶋中山壮(夕顔の家)》 《清沢洌山荘》
1942	昭和17	37歳		《嶋中雄作邸》
1943	昭和18	38歳	豊島区北大塚の近藤邸の敷地内に自邸をつくり移り住む。	
1944	昭和19	39歳	次男・昱磨誕生。静岡県、草深に疎開。	
1945	昭和20	40歳	3月、空襲により近藤邸が焼失。山梨の近藤家の別荘《山中山荘》に転居。	
1946	昭和21	41歳	東京都、大森に転居。	「光音劇場計画」 「三里農場計画」
1947	昭和22	42歳		
1948	昭和23	43歳	近藤浩一路扱いの画商・旭谷正次郎(横手市)の紹介により、秋田にて文化講演会の講師として招かれる。これを契機として、秋田で次々と設計の仕事を得る。杉並区和田本町に転居。	《嶋中邸書屋》
1949	昭和24	44歳	東京都中野区江古田に転居。	
1950	昭和25	45歳		《琅玕席(高久邸蔵屋敷内茶室)》
1951	昭和26	46歳	中野区江古田で自邸《滴々居》の建設が始まる。	《秋ノ宮村役場》 《山月席(T旅館客室)》 《山花席(O邸客室)》 《瀧瀬邸》 《滴々居(白井晟一自邸)》

西暦	年号	年齢		《建築作品》「計画」
1952	昭和27	47歳	國學院大学で「華道と建築」と題し講演を行う。 前橋の書店煥乎堂の設計計画を通じて、高崎を拠点としていた建築家、工業デザイナーで、ブルーノ・タウトに師事した水原徳言と知り合う。	《浮雲》 《アトリエNo.5（旧高山アトリエ/白井アトリエ）》 《杉本産婦人科医院》 「仙北組合病院計画」
1953	昭和28	48歳	川添登が『新建築』の編集長となり、親交を結ぶ。	《土筆居（近藤浩一路邸）》 《試作小住宅（渡辺博士邸）》 《稲住温泉本館玄関増築》 《大館木材会館》 《雄勝中央病院》 《半澤氏邸》 「高久多吉邸計画」 「大曲（仙北）木材会館計画」
1954	昭和29	49歳	前橋の書店煥乎堂社長で詩人の高橋元吉、水原徳言らと交流し、「顧不顧」の会をつくる。	《知宵亭（岡源）》 《煥乎堂》 《小平の家（上村占魚邸）》 《半宵亭（鷹の湯温泉）》 「萩原朔太郎詩碑計画」
1955	昭和30	50歳	『新建築』誌4月号に「原爆堂計画」を掲載。	《アトリエNo.6（部分順治邸）》 「原爆堂計画」 「半僧坊計画」 《中山邸（改装）》
1956	昭和31	51歳	『新建築』誌の8月号に「縄文的なるもの」を発表。編集長であった川添が仕掛け、丹下健三などを巻き込んだ建築界の「伝統論争」の重要な論客とみなされる。	《松井田町役場》 《料亭岡本》（第1次） 「三国レイクサイドホテル計画」 「野田ウィークエンドロッジ計画」 「永田邸計画」 「竹本邸計画」
1957	昭和32	52歳	「新建築問題」が起こり、編集長の川添をはじめ宮嶋圀夫ら、白井と親交のあった編集部員が『新建築』を離れる。	《雄勝町役場》 《奥田酒造店（奥田邸）》 「東北労働会館（秋田労働会館）計画」 「秋田市立美術館計画」
1958	昭和33	53歳		《鳴子ホテル》 《善照寺本堂》
1959	昭和34	54歳		《四同舎（湯沢酒造会館）》 《増田夫妻のアトリエ》 《古川邸（旧木村邸）》 《荻島邸及び荻島小児科医院》 《モン・ルポ》
1960	昭和35	55歳	建築家ルイス・カーンを招いた世界デザイン会議が東京で開催され、白井も参加するが、発熱のためカーンとの討論は実現せず。 戦後初めてのヨーロッパ旅行、イタリア、フランス、スペイン、イギリス、北欧などを3カ月かけて巡る。 帰国後、「書」に取り組むようになる。	《日本電業工作KK本社工場》 「中山鉱業中山寮計画」
1961	昭和36	56歳	高村光太郎賞の造形部門で建築家として初の受賞者となる（《東京浅草善照寺本堂》《群馬県松井田町役場》《秋田県雄勝町役場》等の業績に対して）。 審査員は建築家の谷口吉郎と彫刻家の高田博厚。高田はパリ留学時に白井と会ったことがあり、また親友の煥乎堂社長の高橋元吉から白井について知らされていた。	「浜野邸」 「大木邸計画」
1962	昭和37	57歳	中央公論社の「中公新書」の装丁を手がける。 4月、義兄の近藤浩一路が死去。	《飯塚邸》 《飯塚医院》 《近藤浩一路墓碑》

西暦	年号	年齢		《建築作品》「計画」
1963	昭和38	58歳		《親和銀行東京支店》 《親和銀行大波止支店》(63年/68年/72年) 《嵐亭(浮雲離れ)》 《漣亭(浮雲離れ)》 《杉亭(浮雲離れ)》 「山本邸計画」 「高原社富士レイクハイム計画」
1965	昭和40	60歳		《呉羽の舎(柿腸舎)》 《横手興生病院厨房棟》
1966	昭和41	61歳		《料亭岡本》(第2次)
1967	昭和42	62歳	15年間住んだ自邸《滴々居》を解体、新しい自邸《虚白庵》の建設が始まる。しばらくの間近所の《アトリエNo.5》に住む。	《親和銀行本店第1期》 《宮本邸　書斎増改築》
1968	昭和43	63歳		《海山居》
1969	昭和44	64歳	《親和銀行本店》の業績に対して建築年鑑賞、日本建築学会賞、毎日新聞芸術賞が贈られる。箱根国際会議場のコンペティションの審査員を審査委員長の前川國男から委嘱される。	
1970	昭和45	65歳	《虚白庵》に転居。3月、白井の書による展覧会が銀座壱番館画廊で開催され、書作品を集めた『顧之居書帖』(鹿島出版会)が刊行される。	《親和銀行本店第2期》 《虚白庵》 「瑠璃光堂計画」
1971	昭和46	66歳		《昨雪軒》
1972	昭和47	67歳		《サン・セバスチャン館》 《尻別山寮》
1973	昭和48	68歳	《懐霄館》の外壁素材の準備と調査のため、初めて韓国を訪れ、宗廟などを訪ねる。	
1974	昭和49	69歳	中央公論社より自著『白井晟一の建築』が刊行される。	《サンタ・キアラ館》 《ノアビル》
1975	昭和50	70歳	《ノアビル》により日本サインデザイン賞を受賞。	《親和銀行電算事務センター(懐霄館)》 「大村道場計画」
1976	昭和51	71歳		「京都ホテル計画」
1978	昭和53	73歳	研究誌『白井晟一研究』(全5巻、南洋堂出版)の刊行が開始される。また川添登による作品集『白井晟一 建築とその世界』(世界文化社)が刊行される。	《鷺宮杉浦邸》 「N美術館計画」
1979	昭和54	74歳	エッセイ集『無窓』(筑摩書房)刊行。	
1980	昭和55	75歳	《親和銀行本店》の建築業績により、第36回芸術院賞を受賞。	《渋谷区立松濤美術館》 「北村徳太郎美術館計画」 「M(ジャコモ・マンズー)美術館計画」
1981	昭和56	76歳		《静岡市立芹沢銈介美術館(石水館)》 《亜門茶廊》
1983	昭和58	78歳	11月、京都の《雲伴居》の現場で倒れ入院、22日逝去。12月20日、東京青山斎場で告別式が行われる。	
1984	昭和59			《桂花の舎》 《雲伴居》 《びわ湖北寮》 《浄智寺庫裡》

関連文献

作成：木原天彦（渋谷区立松濤美術館　学芸員）
編集：野城今日子（渋谷区立松濤美術館　学芸員）
[凡例]
『白井晟一全集　別巻I』、『白井晟一全集　補遺』および『建築文化』（1985年）を参考にし、適宜加筆した。

自著

「秋の宮村役場」『新建築』新建築社、1952年12月

「試作小住宅」『新建築』新建築社、1953年8月

「地方の建築」『新建築』新建築社、1953年8月

「リチャード・ノイトラ」『新建築』新建築社、1953年8月

「住宅思言」『新建築』新建築社、1953年11月

「K邸とその書屋について」『新建築』新建築社、1954年9月

「煥乎堂について」『新建築』新建築社、1954年10月

「おもいで」『近代建築』近代建築社、1954年10月

「農村の建築美」『中央公論1955年新年特大号』中央公論社、1955年1月

「原爆堂について」『新建築』新建築社、1955年4月

「天壇」『新建築』新建築社、1955年9月

「中国の石仏」『新建築』新建築社、1955年10月

「縄文的なるもの」『新建築』新建築社、1956年8月

「豆腐」『リビングデザイン』美術出版社、1956年10月

「めし」『リビングデザイン』美術出版社、1956年11月

「待庵の二畳」『新建築』新建築社、1957年8月

「伝統の新しい危険」『朝日新聞』朝日新聞社、1958年11月22日

「仏教と建築」『世界建築全集　第12巻』平凡社、1960年8月

「百家争鳴・ララミー牧場」『室内』工作社、1961年9月

「善照寺本堂」、「松井田町役場」『天極をさす』高村光太郎賞記念作品集、1961年

「建築家は二の足踏む」『朝日新聞』朝日新聞社、1962年9月

「馨（かお）らざる空間」『室内』工作社、1963年1月

「タバコのうらみ」『室内』工作社、1965年6月

「笹原貞彦と私」『建築知識』建築知識社、1968年3月

「学会賞受賞にあたって」『建築雑誌』1969年8月

白井晟一著・海上雅臣編『顧之居書帖』鹿島出版会、1970年

「只管穿穵」『豊福知徳』東京画廊、1974年

『白井晟一の建築』中央公論社、1974年

「発心」『栃折久美子ルリユール展』画廊梅谷、1975年

「サンタ・キアラ館」『建築』青銅社、1975年1月

「親和銀行本店　懐霄館」『日経アーキテクチュア』日経マグロウヒル社、1975年12月

白井晟一著・海上雅臣編『顧之居書帖二　白井晟一の書』形象社、1976年

「白磁の壺」『朝日新聞』朝日新聞社、1977年1月17日

「硯」『朝日新聞』朝日新聞社、1977年1月18日

「東洋のパルテノン」『朝日新聞』朝日新聞社、1977年1月19日

「めがね」『朝日新聞』朝日新聞社、1977年1月20日

「土の造形」『朝日新聞』朝日新聞社、1977年1月21日

「幻の花」『朝日新聞』朝日新聞社、1977年1月22日

「思索の空間」『朝日新聞』朝日新聞社、1977年1月24日

「箸」『朝日新聞』朝日新聞社、1977年1月25日

「京都」『朝日新聞』朝日新聞社、1977年1月26日

「芸」『朝日新聞』朝日新聞社、1977年1月27日

「建築は誰のものか」『朝日新聞』朝日新聞社、1977年1月28〜29日

「無窓無塵」『婦人之友』主婦の友社、1977年5月

「明窓浄机」『書のこころと美』主婦の友社、1977年9月

「カルロ・スカルパ特輯に寄せて」『SD：スペースデザイン』鹿島出版会、1977年6月

「創造の倫理」『現代建築の再構築』彰国社、1978年4月

白井晟一著・海上雅臣編『顧之居書帖三　付語録』ウナックトウキョウ、1978年

「高田博厚」『高田博厚作品』求龍堂、1978年6月

「伊都内親王願文」『芸術新潮』新潮社、1978年12月

「日本にいた私の知らないブルーノ・タウトについて」『SD』鹿島出版会、1978年12月

「骨董について」『THE骨董』第2集読売新聞社、1978年12月

「ガウディの聖堂」『ガウディ全作品』六曜社、1979年

「古くなった言葉」『あるとき』弥生書房、1979年4月

『無窓』筑摩書房、1979年（2010年、晶文社より復刊）

「画蠱斎回顧」『近藤浩一路展』図録、神奈川県立近代美術館、1978年

白井晟一・辻邦夫・磯崎新『懐霄館』中央公論社、1980年

「書」『週刊新潮』新潮社、1981年6月4日

ブルーノ・タウト著／篠田英雄訳、「『画帖　桂離宮』の復刻に寄せて」、『画帖　桂離宮』パンフレット7、岩波書店、1981年3月

「心筆一如」『現代書道』433号、1981年11月

「私の家具観」『木の家具』読売新聞社、1981年12月

「草野心平・詩書一如」『季刊「銀花」』文化出版局、1982年春

写真：石元泰博「私感」『桂離宮　空間と形』パンフレット、岩波書店、1983年

「花の砦」『草月』146号、1983年2月10日

「すきな色」『白井晟一研究V』南洋堂出版、1984年

「アントニオ・ガウディ賛」『白井晟一研究V』南洋堂出版、1984年

単行本

蔵田周忠編「姉弟の家」『今日の住宅30集』主婦の友社、1954年

「奥羽街道の家、郊外小住宅の設計実例」『現代和風の住宅』主婦の友社、1959年

高田秀三編「篠ノ井の家」『小住宅のプラン200集』主婦の友社、1962年

蔵田周忠編「篠ノ井の医師の住まい」『住宅のプランと実例集』主婦の友社、1968年

「柿腸舎（呉羽の舎）」『日本の現代住宅1』彰国社、1969年

栗田勇監修『現代日本建築家全集9　白井晟一』三一書房、1970年

北尾春道編『呉羽の舎・昨雪軒』『現代数寄家住宅聚』叢文社、1974年

SD編集部『現代の建築家　白井晟一』鹿島出版会、1976年

川添登『白井晟一：建築とその世界』世界文化社、1978年

「白井晟一研究」企画編集室『白井晟一研究I』南洋堂出版、1978年

「白井晟一研究」企画編集室『白井晟一研究II』南洋堂出版、1979年

水原徳言『白井晟一の建築と人　縄文的なるもの』相模書房、1979年

神代雄一郎『現代日本の美術17 建築』小学館、1979年

栃折久美子『暮らしの創造.13』創芸出版社、1980年9月

神代雄一郎『日本の庭園Ⅶ　現代の名庭』講談社、1980年11月

「白井晟一研究」企画編集室『白井晟一研究Ⅲ』南洋堂出版、1981年

塩屋宗六編『石水館：建築を謳う』かなえ書房、1981年

笠原芳光『日本人の祈り』『信と不信の文字』未来社、1981年

日本建築家協会編『美術館の新たな象徴的機能を啓示　松濤美術館』『DA 建築図集　美術館Ⅱ　地域の小美術館』彰国社、1982年

「白井晟一研究」企画編集室、『白井晟一研究Ⅳ』南洋堂出版、1982年

「白井晟一研究」企画編集室『白井晟一研究Ⅴ』南洋堂出版、1984年

『世界建築設計図集5　白井晟一　親和銀行大波止支店』同朋舎出版、1984年

Kawazoe Noboru "Autour du Débat sur la Tradition, Japon des Avant Gardes 1910-1970" 1987年

白井晟一研究所『白井晟一全集　図集1　住宅1』同朋舎、1988年

白井晟一研究所『白井晟一全集　図集2　住宅2』同朋舎、1988年

白井晟一研究所『白井晟一全集　図集3　公共建築』同朋舎、1988年

白井晟一研究所『白井晟一全集　図集4　商業施設』同朋舎、1988年

白井晟一研究所『白井晟一全集　図集5　親和銀行本店』同朋舎、1988年

白井晟一研究所『白井晟一全集　図集6　計画案』同朋舎、1988年

白井晟一研究所『白井晟一全集　写真1-6、補遺』同朋舎、1988年

白井晟一研究所『白井晟一全集　別巻1　白井晟一の眼1』同朋舎、1988年

白井晟一研究所『白井晟一全集　別巻2　白井晟一の眼2』同朋舎、1988年

白井晟一・白井昱磨『白井晟一スケッチ集』同朋舎、1992年

白井晟一『雲伴居』筑摩書房、1993年

杉本秀太郎・平井聖編『茶室　待庵　白井晟一「待庵の二畳」』『日本美を語る 第10巻 佳所薄明』ぎょうせい、1989年

『怨恨のユートピア』刊行委員会編、宮内康著『怨恨のユートピア ──宮内康の居る場所』れんが書房新社、2000年

藤森照信「建築家の系譜　曾禰達蔵／中條精一郎／渡辺節／ブルーノ・タウト／吉武東里／渡辺仁／吉田五十八／室岡惣七／大熊喜英／白井晟一／佐藤秀三／山口文象／安藤喜八郎／大友弘」『日本の洋館 歴史遺産 第6巻 昭和篇 2』講談社、2003年

藤森照信『藤森照信の原・現代住宅再見　2』TOTO出版、2003年

藤森照信『昭和住宅物語─初期モダニズムからポストモダンまで23の住まいと建築家』新建築社、2000年

安原盛彦『白井晟一空間読解 形式への違犯』学芸出版社、2005年

白井彪介・白井原太編『白井晟一、建築を語る：対談と座談』中央公論新社、2011年

白井原太編『白井晟一の手と目』鹿島出版会、2011年

松隈洋「「物」としての建築 白井晟一と前川國男」「石を積む 白井晟一の建築」『ル・コルビュジエから遠く離れて』みすず書房、2016年

岡﨑乾二郎・五十嵐太郎・鈴木了二・加藤典洋・白井昱磨『白井晟一の原爆堂：四つの対話』晶文社、2018年

岡﨑乾二郎『抽象の力〈近代芸術の解析〉』亜紀書房、2018年

羽藤広輔『白井晟一の伝統論と和室』中央公論美術出版、2021年

作品集

彰国社編『木造の詳細3　白井晟一設計・呉羽の舎』彰国社、1969年

村松貞次郎「選評」『建築業協会賞作品集 第12回 (1971)』建築業協会、1971年

白井晟一研究所『白井晟一の建築Ⅰ　懐霄館』めるくまーる、2013年

白井晟一研究所『白井晟一の建築Ⅱ　水の美術館』めるくまーる、2013年

白井晟一研究所『白井晟一の建築Ⅲ　虚白庵と雲伴居』めるくまーる、2014年

白井晟一研究所『白井晟一の建築Ⅳ　初期の建築』めるくまーる、2015年

白井晟一研究所『白井晟一の建築Ⅴ　和風の創造』めるくまーる、2016年

逐次刊行物

平尾敏也「画家近藤浩一路氏の家」『建築知識』1936年5月

「南沢の松林に近藤浩一路氏の美しい家」『婦人之友』1936年6月

「南沢学園町・質素で健全な教育的学園町」『婦人之友』1937年5月

「伊豆歓歸荘」『建築知識』1937年6月

「川村邸」『建築世界』1941年1月

「K・K邸」『建築世界』1941年8月

「渡部博士邸」『建設情報』1953年6月

「南原山荘（嶋中山荘）」『建設情報』1953年7月

「半宵亭・浮雲」『建設情報』1953年8月

平良敬一「白井晟一氏の和風建築」『近代建築』1954年10月

水原徳言「料亭の建築」『近代建築』1955年3月

岩田知夫（川添登）「原爆時代に抗するもの」『新建築』1955年4月

「白い漆喰壁の小住宅・中庭のある白壁の家」『モダンリビング』1955年夏季

「建築家の顔と住まい」『新建築』1955年8月

「3つの役場について」『新建築』1955年10月

吉中道夫・吉島一夫・川添智利「白井晟一論」『新建築』1955年10月

「畑の中に「パルテノン」　農民文化の殿堂へ」『朝日新聞』1955年11月14日

「平和を祈る『原爆堂』」『朝日新聞』1956年3月

淺野敵一郎「大館木材会館」『朝日新聞』秋田版、1956年6月19日

「松井田町役場」『新建築』1956年7月19日

岩田知夫（川添登）「伝統と民衆の発見をめざして」『新建築』1956年7月

「小平の家」『親建築』1956年9月

淺野敵一郎「前衛文化財誕生」『朝日新聞』秋田版、1956年11月1～3日

吉中道夫「日本的創造」『建築文化』1957年1月

「鉄格子のない精神病院」『朝日新聞』秋田版、1957年3月23日

「原爆美術館とウラニューム美術館」『芸術新潮』1957年5月

「雄勝町役場」『建築文化』1957年7月

神代雄一郎「ギリシャの柱と日本の民衆」『建築文化』1957年7月

白井晟一・神代雄一郎「対談：ギリシャの柱と日本の民衆を読んで - 作家白井晟一の建築創造をめぐって」『建築文化』、1957年7月

白井晟一・丹下健三・林昌二・大高正人・徳永正三「作家という立場からの発言」『建築文化』1957年7月

「役場三つ、原爆堂案」『リビングデザイン』1957年秋季

川添登「祈りの造形」『近代建築』第13巻5号、1959年5月

鬼頭梓「善照寺をみて」『近代建築』第13巻5号、1959年5月

みねぎしやすお「懐古的で排他的な」『近代建築』1959年5月

菊竹清則「建築的信頼感に応えた建築家」『近代建築』1959年5月

流政之「設計のなかの孤独」『近代建築』1959年5月

関根弘「色気のない寺」『近代建築』1959年5月

川添登「建築家・人と作品　白井晟一」『室内』1960年

「人　高村光太郎賞を受ける白井晟一」『朝日新聞』1961年2月28日

川添登「風格高い善照寺」『読売新聞』1961年3月7日

「増田夫妻のアトリエ」『近代建築』1960年4月

「三人の建築家」『近代建築』1961年4月

勝見勝・樫村直人「白井晟一への讃辞・高村光太郎賞について」『近代建築』1961年4月

詩人建築家・白井晟一『芸術新潮』1961年6月

今泉篤男「百家争鳴・白井晟一のこと」『室内』1961年8月

「特集：白井晟一」『建築』1961年12月

粟田勇「異端の作家・白井晟一」『建築』1961年12月

吉中道夫・矢向敏郎「白井晟一の空間」『建築』1961年12月

神代雄一郎「特集2・詩人建築家・白井晟一」『芸術新潮』1961年6月

「夕顔の家」『モダンリビング』1962年夏

「人と住まい・明暗のバランス」『朝日新聞』1962年10月31日

鬼頭梓「厳しく凝縮された空間・善照寺」『建築文化』1963年6月

「新人国記・京都府」『朝日新聞』1963年11月

「変った銀行建築」『芸術新潮』1963年12月

川添登「白井晟一の建築」『建築』1964年2月

浜口隆一「長崎の親和銀行　折衷主義の再評価」『近代建築』1964年2月

「増田夫妻のアトリエ」『建築文化』1964年2月

「親和銀行東京支店」『商店建築』1964年3月

浜口隆一「白井晟一のインテリア」『インテリア』1964年3月

川添登「白井晟一の建築・現代文明に対するプロテスト」『インテリア』1964年3月

村松貞次郎「親和銀行東京支店と白井晟一」『建築界』1964年6月

川島豊秋「親和銀行東京支店の建築に関する基本精神」『銀行店舗』写真集第1集、1964年6月

稲住温泉（浮雲）『近代旅館』1965年1月

「呉羽の舎」『建築』1965年3月

「親和銀行東京支店　応接室」『インテリア』1965年9月

矢向敏郎「柿腸舎・呉羽の舎について」『建築』1966年1月

「芦屋Y邸」『建築』1966年1月

「本と雑誌　呉羽の舎」『朝日新聞』1966年1月16日

「呉羽の舎」『毎日グラフ』別冊、1966年6月

「〈書〉び・い・ぷ・る」『芸術新潮』1966年7月

鬼頭梓「建築家のデビュー作品」『国際建築』1966年10月

白井晟一・原広司「人間・物質・建築—現代のデザインについて語る」『デザイン批評』1967年6月

「点描：この父にしてこの子」『朝日新聞』1967年8月7日

「私の言葉」『週刊新潮』1967年11月18日

宮内康「闇と光の空間」『朝日ジャーナル』1968年1月21日

川添登「白井晟一の世界」『建築文化』1968年2月

磯崎新「親和銀行をみて　凍結した時間のさなかに裸形の観念とむかい合いながら一瞬の選択に全存在を賭けることによって組立てられた〈晟一好み〉の成立と現代建築のなかでのマニエリスト的発想の意味」『新建築』1968年2月

「親和銀行本店」『近代建築』1968年2月

伊藤ていじ「精神の所産」『インテリア』1968年2月

宮内康「固くそして不透明な白い塊り」『建築』1968年2月

笹原貞彦「白井先生のこと」『建築知識』1968年3月

「親和銀行本店」『インテリア』1968年4月

矢向敏郎「白井さんの建築についての断片的なメモ」『新建築』1968年4月

「新しい原理を追求　"人間的空間"を求める建築家・白井晟一」『北海タイムス』1968年6月5日

「点描：やっぱりヘイは必要」『朝日新聞』1968年9月

白井晟一・村松貞次郎「人・白井晟一　西洋の壁を突き破ろうとした建築家の哲学と作品」『KITANO　VISION』1969年2月

「点描：建築年鑑賞決まる」『朝日新聞』1969年3月28日

佐々木隆文「潜入した甘美な死の空間」『近代建築』1969年4月

神代雄一郎「情念と建築内部」『建築年鑑』1969年5月

藤井正一郎「仮説による挑戦」『建築年鑑』1969年5月

平良敬一「根源的世界への志向」『建築年鑑』1969年5月

「学会賞受賞　―白井晟一氏」『建築ニュース』1969年6月

「親和銀行本店」『新建築』1969年7月

粟田勇「正統の建築・白井晟一　―聖なる空間について」『建築』1969年7月

海上雅臣「毫毛寛大地撮入〔ごうもうゆたかにだいちをとりこむ〕―白井晟一の書」『建築』1969年7月

宮内康「近代の告発」『建築文化』1969年7月

多木浩二「闇・目に見えぬストラクチュアの幻覚」『インテリア』1969年7月

「親和銀行のインテリアの濃密な"質"」『芸術新潮』1969年7月

「特集：白井晟一とその根源的世界を志向する建築/特集2：非芸術化過程の芸術」『SD：スペースデザイン』1969年7月

針生一郎「白井晟一論」『SD：スペースデザイン』1969年7月

「標的："本格"と"異色"」『朝日新聞』1969年7月8日

「都市時代の建築　建物自体によるPR」『朝日新聞』1969年7月11日

「43年度学会賞受賞作品　親和銀行本店」『建築雑誌』1969年8月

坂田重保「親和銀行の由来」『建築画報』1969年9月

脇田裕史「寡黙・寡作の建築家、白井晟一」『建築画報』1969年9月

宮嶋圀夫「空間構成の技法4・白井晟一の場合」『a+a』1969年2月

川添登「毎日芸術賞　人と業績・白井晟一」『毎日新聞』1970年1月

「点描：資金難でピンチ・原爆実験住宅」『朝日新聞』1970年1月15日

「白井晟一書道展案内」『美術手帖』1970年3月

「At the Galleries Calligraphic and Other Forms」『ジャパンタイムズ』1970年3月19日

「書展を開いた建築家」『毎日新聞』1970年3月19日

海上雅臣「白井晟一の創造の世界」『芸術生活』1970年5月

海上雅臣「白井晟一《顧之居展》・掘りおこされた書の本質」『SD：スペースデザイン』1970年5月

「点描：書家白井晟一ここに誕生の感」『朝日新聞』1970年6月29日

白川静・白井晟一「書と字」『中央公論』1971年1月

プラン'70メンバー「〈現代建築のあり方〉についての考察」『建築論リポート1』南洋堂出版、1971年3月

吉田研介「箱根コンペ作家論・白井晟一」『近代建築』第25巻5号、1971年5月

長谷川堯「呼びたてる〈父〉の城砦」『建築』1972年1月

「白井研究所　作品3題」『建築』1973年1月

「昨雪軒」『新建築』1973年2月

「"精神"を追う建築家・白井晟一」『朝日新聞』1973年2月15日

「建築と思想遍歴」『毎日新聞』1973年7月9～10日

海上雅臣「現代美術における書の可能性」『出版ダイジェスト』1973年4月

「昨雪軒」『JA』1973年5月

「点描：注目を集める白井晟一の最近作」『朝日新聞』1973年12月18日

海上雅臣「白井晟一のものの考え方　手習と創造」『季刊銀花』1974年3月

市川浩「不活性のドラマ」『近代建築』1974年5月

川添登「秋の宮村役場・白井晟一氏設計『朝日新聞』」『朝日新聞』、1954年6月

「白井晟一氏に聞く―創造の鼎」『approach』竹中工務店広報部、

1974年3月

毛綱モン太「ノアの謎解き」『建築』1974年11月

相田武文「ノア・ビルをみて　凛々しさから官能的世界へ」『新建築』第49号12、1974年11月

上松裕二「ノア・ビルをみて　NOΛ　SUM」『新建築』1974年11月

長谷川堯「ノアビルを見て」『建築文化』1974年11月

本田一勇喜「楕円漂白　聖なる空間の余白に」『近代建築』1974年11月

多木浩二「単純化されたサンボリズム」『インテリア』1974年11月

小能林宏城「記号と暗号」『商店建築』1974年11月

「ノア・ビル　サンタ・キアラ館」『approach』竹中工務店広報部1974年冬

「情念の建築　ノア・ビル」『読売新聞』1974年12月19日

武部正彦・望月威征「ビビハヌンへ愛をこめて」『建築』1975年1月

藤井博己「求心的空間の感動」『新建築』1975年1月

悠木一也「盗み得ぬ敬虔な祈りに捧げられた量塊」『建築文化』1975年1月

「ノア・ビル　一芸術か煙突か」『週刊新潮』1975年1月

越後島研一「ノアビルについて」『Sa』1975年1月

「ノア・ビル」『JA』1975年2月

「サンタ・キアラ館」『JA』1975年3月

宮内嘉久「白井晟一の意味」『美術手帖』1975年3月

栗田勇「書の芸術性をめぐって」『出版ダイジェスト』、1975年4月

「近況：現場で過ごす日々」『朝日新聞』1975年5月5日

「建築家の好きな花　一幻の花」『草月』1975年6月

「点描：白井氏の傑作　親和銀行完成」『朝日新聞』1975年7月18日

浜口隆一・白井晟一ほか「ノア・ビルを語る」『日本サインデザイン年鑑』1975年8月

聞書　白井晟一「歴史へのオマージュ」『芸術新潮』1975年9月

「懐霄館」『approach』1975年秋

勝見勝「ランドマークからランドシンボルへ」『グラフィック・デザイン』講談社、1975年秋

大平恵一「市民社会のモニュメント〈サイン〉」『グラフィック・デザイン』講談社、1975年秋

坂野長美「都市環境・建築環境・サイン」『グラフィック・デザイン』1975年秋

「ノア・ビル」『ディテール：建築の詳細』1975年冬

「親和銀行電算事務センター」『日経アーキテクチュア』1975年12月

「特集：白井晟一」『SD：スペースデザイン』1976年

磯崎新「破砕した断片をつなぐ眼」『SD：スペースデザイン』1976年1月

針生一郎「建築における外部と内部」『SD：スペースデザイン』1976年1月

「大江宏・藤井正一郎・宮内嘉久・白井晟一の建築を語る」『SD：スペースデザイン』1976年1月

淺野敏一郎「白井晟一氏についての断片的ノート」『SD：スペースデザイン』1976年1月

白井昱磨「懐霄館にて」『SD：スペースデザイン』1976年1月

馬場璋造「土の建築」『新建築』1976年1月

本田一勇喜「逆光のペルソナ」『建築文化』1976年1月

市川浩「白井晟一と現代」『近代建築』1976年1月

藤井正一郎「自照の建築家白井晟一」『商店建築』1976年1月

木島安史「建築の生き方を見る」『商店建築』1976年1月

岡田威海「異相の館・懐霄館」『商店建築』1976年1月

「懐霄館」『JA』1976年1月

多木浩二「装飾とものの悦楽」『インテリア』1976年1月

伊藤真人「建築という環境　ノアビル」『読売新聞』1976年1月18日

鈴木工人「知と幻影」『建築文化』第31巻（通号352）、1976年2月

神代雄一郎・白井晟一「対談：石と日本建築」『INA REPORT NO.3』1976年3月

長谷川堯「建築にあらわれた生誕・死・永遠」『みづゑ』1976年4月

「白井晟一の『教材コレクション』（秘蔵-39-）」『芸術新潮』1976年9月

藤垣亘「優積店への条件・親和銀行大波止支店」『近代セールス』近代セールス社、1976年

磯崎新「書と建築空間」『出版ダイジェスト』1976年2月

掘利貞「建築と思想遍歴・白井晟一」『現代巨匠・下』1977年5月

水原徳言「白井作品の和風」『木』1978年1月

岩本博行「さながらの心」『木』1978年1月

「有名建築その後　善照寺」『日経アーキテクチュア』1978年3月20日

「白の魅力　白井晟一氏」『朝日新聞』1978年4月22日

「白井晟一『顧之書展』開催中」『近代建築』1978年4月

悠木一也「白井晟一研究のためのノート」『建築文化』1978年5月

「点描：白井晟一氏の渋谷美術館」『朝日新聞』1978年7月17日

有田光甫「白井晟一の書をめぐって」『季刊書の美』1979年春

草野心平・白井晟一「『書』について詩人と建築家の対談」『婦人之友』1979年4月

前川國男・白井晟一「花に秘す」『風声』1979年7月

「ノア・ビル（1974）」『建築文化』1980年2月

「芸術院賞受賞　現場の方々とともに」『毎日新聞』1980年3月5日

「『石の城』の哲学者　白井晟一」『週刊新潮』1980年3月20日

「芸術院賞に輝く白井晟一の建築」『週刊読売』1980年3月30日

「白井晟一氏らに芸術院賞」『建築文化』1980年4月

「第36回芸術院賞を白井晟一さんが受賞」『商店建築』1980年4月

「白井晟一氏 －芸術院賞受賞」『新建築』1980年5月

「白井晟一氏　芸術院賞受賞」『SD：スペースデザイン』1980年5月

「渋谷区立松濤美術館」『建築画報』1980年7月

「渋谷区立松濤美術館」『日経アーキテクチュア』1980年12月22日

粟津潔「微視的明視性・松濤美術館を見て」『建築文化』1981年1月

千沢楨治「渋谷区立松濤美術館開館を間近にして」『近代建築』1981年1月

「渋谷区立松濤美術館」『新建築』1981年1月

周樹鑑「白井晟一論の陥穽」『インテリア』1981年1月

磯崎新・白井晟一「普遍のアニマ」『草月』1981年6月

「白井晟一の芹沢銈介美術館」『芸術新潮』1981年7月

「静岡市立芹沢銈介美術館」『日経アーキテクチュア』1981年9月

高松伸「結界の重量・白井晟一論」『建築文化』1981年10月

川床樹鑑「不変への希求」『近代建築』1981年10月

毛綱毅曠「疾風遺跡に立つ」『インテリア』1981年10月

「石水館（静岡市立芹沢銈介美術館）」『新建築』1981年10月

神代雄一郎「『雪月花』覚書抜粋」『風声』1981年10月

桑原武夫・白井晟一「東西文明論」『風声』1981年10月

「石水館（静岡市立芹沢銈介美術館）」『建築画報』1981年12月

宮嶋國夫・白井晟一「建築に思う」『SPACE　MODULATOR60』1982年1月

「建築家の自邸・白井晟一」『都市住宅』1982年1月

栗田勇・白井晟一「現代建築と聖なるもの」『ユリイカ』1982年1月

早川謙之輔「石水館の天井をまかされて」『室内』1982年1月

保坂陽一郎「重層する塀と壁—石水館」『建築知識』1982年12月

「国内建築ノート：芹沢美術館再読」『SD：スペースデザイン』鹿島出版会、1983年5月

針生一郎「何必館—あきれはてた盗作建築」『アトリエ』婦人画報社、1983年9月

磯崎新「古典を独自に解釈」『朝日新聞』1983年11月27日

亜門茶廊「年鑑日本のディスプレイ・商空間デザイン'83」1983年12月

川添登「白井晟一氏を悼む」『毎日新聞』1983年12月2日

「異色の建築家　白井晟一の死」『朝日新聞』1983年12月10日

磯崎新「近代を超越した白井建築・白井晟一氏の死を悼む」『日経アーキテクチュア』1984年1月2日

栗田勇「現代建築の孤峯・白井晟一の死」『芸術新潮』1984年1月

大江宏「永遠性を実践した建築家」『新建築』1984年1月

芦原義信「建築家の一理想像を生きた人」『新建築』1984年1月

近江栄「エピゴーネンを生まぬ独自性」『新建築』1984年1月

「白井晟一氏死去」『SD：スペースデザイン』1984年1月

宮内嘉久「ロマン的イロニイの建築・白井晟一へのレクイエム」『建築文化』1984年1月

松葉一清「ポストモダニズムとハイテクデザイン・'83年から'84年への総括と展望」『建築文化』1984年1月

「石水館　静岡市立芹沢銈介美術館」『建築画報』1984年2月

保坂陽一郎「先生自筆『初心不忘』の書を支えに」『建築知識』1984年2月

前川國男《追悼》白井さんと枝垂桜」『風声』1984年2月

「石水館　静岡市立芹沢銈介美術館」『建築画報』1984年4月

白井昱磨「将棋」『室内』1984年9月

「有名建築その後　親和銀行本店1969・1975」『日経アーキテクチュア』1984年9月

「桂花の舎」『日経アーキテクチュア』1984年11月19日

坂野長美「世界でも孤高の巨峰」『毎日グラフ』1984年12月2日

笠原芳光「古くて新しいもの　白井晟一の建築を見る」『共同通信記事（静岡新聞等）』1984年

栗田勇「昭和の建築の奇跡・白井晟一」『芸術新潮』1985年1月

「雲伴居」『日経アーキテクチュア』1985年1月28日

「桂花の舎」『新建築　季刊　住宅特集』1985年1月

原広司「特集：白井晟一：近代との相剋の軌跡　精神史的構想の実現」『建築文化』1985年2月

「特集：白井晟一：近代との相剋の軌跡　座談会：白井晟一の世界　総合司会　横山正　I／技術から素材へ　石山修武・柿沼守利・中川武、II／素材から空間へ　白井昱磨・富永譲・福田晴虔、III／空間から文化へ　川向正人・八束はじめ」『建築文化』1985年2月

「雲伴居」『新建築』1985年2月

藤森照信「現代の潮流〔3〕秋ノ宮村役場」『中国新聞』1985年10月

黒沢隆「日本的なるもの」『都市住宅』1985年11月

渡辺研司「小平の家」『都市住宅』1985年11月

白井昱磨「石水館の石」『Stoneterior』1985年

佐藤朔「計算された奔放さ」『別冊墨』1986年

白井昱磨「日本的創造　白井晟一論の一視点」『同朋』1987年8月

白井昱磨「白井晟一の自邸　虚白庵」『季刊赤い屋根』1988年

髙木修「私の好きな一点 白井晟一の『原爆堂計画』」『現代の眼』1990年

「白井晟一　開花するモダニズム　4」『Inax report』1992年

大島哲蔵「批評の無重力に抗して――『怨恨のユートピア――宮内康の居る場所』」『10＋1』2000年

米山勇「巨匠12人足跡　丹下健三／黒川紀章／槇文彦／安藤忠雄／前川國男／磯崎新／坂倉準三／菊竹清訓／芦原義信／村野藤吾／白井晟一／谷口吉郎」『東京人』2003年

川添登「白井晟一論ノート　1」『近代建築』2007年3月

川添登「白井晟一論ノート　2」『近代建築』2007年4月

「特別記事：白井晟一『原爆堂計画』再考：虚白庵にて」『新建築』2008年

「特集：白井晟一を探して」『住宅建築』2010年1月

磯崎新「啓蒙的近代をとび越え現代に蘇った思索」『図書新聞』2010年10月30日

白井昱磨「巡回展『建築家　白井晟一　精神と空間』展に寄せて　白井晟一について」『陶説』2011年

石崎尚「美術館としての原爆堂に関する覚え書――丸木位里・俊夫妻と白井晟一の交流について――」『武蔵野美術大学研究紀要』2011年

岡﨑乾二郎「芸術の条件（新連載・第1回）白井晟一という問題群（前編）」『美術手帖』2011年2月

岡﨑乾二郎「芸術の条件（新連載・第2回）白井晟一という問題群（後編）」『美術手帖』2011年3月

羽藤広輔「白井晟一住宅作品における床の間の意匠について：同時代の建築家による事例との比較から」『人間・環境学』2013年

羽藤広輔「建築家・白井晟一の著作にみる伝統論」『東京芸術大学美術学部紀要』2013年12月

羽藤広輔「『雲伴居』にみる白井晟一の伝統的様式への姿勢：桂離宮の影響に着目して」『デザイン理論 = Journal of the Japan Society of Design』2014年

羽藤広輔「建築家・白井晟一の著作にみる伝統論」『日本建築学会計画系論文集』2015年

羽藤広輔「白井晟一建築作品の和室における空間構成について：天井の形状に着目して」『デザイン理論 = Journal of the Japan Society of Design』2015年

羽藤広輔「建築家・白井晟一の著作にみる習書の意味:伝統論との関連に着目して」『日本建築学会計画系論文集』2016年

羽藤広輔「白井晟一住宅作品における床の間の意匠について：真行草の観点による同時代建築家作品との比較から」『日本インテリア学会論文報告集』2016年

羽藤広輔「白井晟一の活動における建築作品をめぐる言説と伝統論の関連について：作品説明文に着目して」『日本建築学会計画系論文集』2016年

羽藤広輔「白井晟一の木造住宅にみる付柱の意匠について：「雲伴居」書斎の構想過程に着目して」『日本インテリア学会論文報告集』27号、2017年

染谷滋「煥乎堂と煥乎堂ギャラリーの歴史」『アーツ前橋研究紀要』アーツ前橋、第1号、2018年3月31日

羽藤広輔"The theory of tradition in the written works of architect Seiichi Shirai" Japan Architectural Revie 2（4）、2019年

羽藤広輔"The meaning of practicing calligraphy in the written works of architect Seiichi Shirai: Focusing on the relation to the Theory of Tradition"Japan Architectural Review 4（3）、2021年

展覧会図録

『文人の書』埼玉県立近代美術館、1987年

『日本の眼と空間　もうひとつのモダン・デザイン』セゾン美術館、1990年

『林芙美子展 花のいのちはみじかくて…生誕100年記念』仙台文学館ほか、アートプレイニングレイ、2003年

『白井晟一の造形：Sirai、いま』東京造形大学、2010年

『白井晟一：精神と空間』群馬県立近代美術館ほか、青幻舎、2010年

『ジャパン・アーキテクツ1945-2010』（『新建築』2014年11月別冊）金沢21世紀美術館、新建築社、2014年

『戦後日本住宅伝説　挑発する家・内省する家』埼玉県立近代美術館ほか、新建築社、2014年

『日本の家　1945年以降の建築と暮らし』東京国立近代美術館、新建築社、2017年

雄勝町役場

p.52｜撮影：石元泰博 ©高知県、石元泰博フォトセンター｜写真：外観｜画像提供：高知県立美術館

p.52｜作画：大村健策《雄勝町役場外観透視図》｜鉛筆・紙｜44.1×44.0｜白井晟一研究所

大館木材会館

p.53｜写真：外観、2階ホール、1階エントランス｜画像提供：建築設計事務所アトリエ105 鳥潟宏一氏

横手興生病院

pp.54～55｜撮影：藤森照信｜写真：厨房棟（1964～65年）外観｜2008年頃｜プリント・印画紙

山月席（T旅館客室）

p.60｜撮影：建築情報社写真部｜写真：内観｜プリント・印画紙

半宵亭（鷹の湯温泉）

p.61｜撮影：間世潜｜写真：外観｜プリント・印画紙｜協力：はこだてフォトアーカイブス

p.61｜撮影：建築情報社写真部｜写真：内観｜プリント・印画紙

琅玕席（高久邸蔵屋敷内茶室）

p.62｜撮影：渋谷区立松濤美術館｜写真：内観、外観（酒蔵内2階）｜2020年

山花席（O邸客室）

p.63｜撮影：建築情報社写真部｜写真：内観｜プリント・印画紙

奥田酒造店（奥田邸）

p.64｜撮影：渋谷区立松濤美術館｜写真：階段、庭から1階居間を眺める、西側正面外観｜2021年

p.65｜《奥田酒造（奥田邸）立面図》1/50｜鉛筆・トレーシングペーパー｜54.5×76.3｜白井晟一研究所

p.65｜《奥田酒造（奥田邸）1階平面図》1/50｜鉛筆・トレーシングペーパー｜39.0×54.0｜白井晟一研究所

滴々居（白井晟一自邸）

p.70｜©新潮社写真部　撮影：松崎国俊｜写真：滴々居の入口に立つ白井晟一｜1961年頃｜プリント・印画紙

p.70｜写真：内観

p.71｜写真：内観、外観｜プリント・印画紙

海山居

p.72｜《海山居平面図》1/50｜鉛筆・トレーシングペーパー｜39.0×54.0｜白井晟一研究所

p.72｜写真：外観｜プリント・印画紙

正法適々軒

p.73｜撮影：渋谷区立松濤美術館｜写真：外観｜2020年

土筆居（近藤浩一路邸）

p.74｜近藤浩一路《高山寺路》｜1956年｜紙本墨画｜50.8×57.5｜山梨県立美術館

p.74｜作画：大村健策《土筆居主屋外観透視図》（北側）｜鉛筆・紙｜39.4×77.0｜白井晟一研究所

pp.74～75｜撮影：建築情報社写真部｜写真：書屋外観、書屋内観、書屋玄関｜プリント・印画紙

試作小住宅（渡部博士邸）

p.76｜撮影：平山忠治｜写真：外観（移築前）｜プリント・印画紙

p.77｜撮影：平山忠治｜写真：内観（移築前）｜プリント・印画紙

p.77｜《室内パース》｜ペン・トレーシングペーパー｜41.0×39.0｜白井晟一研究所

アトリエNo.5（旧高山アトリエ／白井アトリエ）

p.78｜《アトリエNo.5立面図》1/50｜鉛筆、ペン・トレーシングペーパー｜38.0×54.4｜白井晟一研究所

増田夫妻のアトリエ

p.79｜撮影：平山忠治｜写真：南西からの外観、1階アトリエ

煥乎堂

pp.86～87｜撮影：間世潜｜写真：1階玄関、水飲み場、外観｜プリント・印画紙｜協力：はこだてフォトアーカイブス

p.87｜水飲み場の蛇口マケット｜粘土｜高さ16.0｜白井晟一研究所

p.87｜《煥乎堂立面図》1/100｜鉛筆・トレーシングペーパー｜46.4×80.0｜白井晟一研究所

p.88｜撮影：間世潜｜写真：1階玄関、1階螺旋階段、2階から螺旋階段を眺める、2階窓｜プリント・印画紙｜協力：はこだてフォトアーカイブス

p.89｜撮影：間世潜｜写真：2階内観、螺旋階段｜プリント・印画紙｜協力：はこだてフォトアーカイブス

知宵亭（岡源）

p.90｜撮影：建築情報社写真部｜写真：外観、内観｜プリント・印画紙

小平の家（上村占魚邸）

p.91｜撮影：建築情報社写真部｜写真：外観、内観｜1953～54年｜プリント・印画紙

松井田町役場

pp.92～93｜撮影：石元泰博 ©高知県、石元泰博フォトセンター｜写真：南側外観、西側外観、2階和風会議室、2階大会議室｜プリント・印画紙

p.92｜松井田町観光パンフレット｜印刷・紙｜白井晟一研究所

p.93｜撮影：間世潜｜中写真：2階大会議室｜プリント・印画紙｜協力：はこだてフォトアーカイブス

アトリエNo.6（分部順治邸）

p.94｜撮影：渋谷区立松濤美術館｜写真：アトリエ｜2021年

p.94｜吉野毅《三島由紀夫ドローイング》｜1970年｜鉛筆・紙｜22.0×30.0｜作家蔵

p.94｜吉野毅《瞬（三島由紀夫）》｜ブロンズ｜45.5×16.0×15.5｜作家蔵

p.95｜《アトリエNo.6 矩計図》1/20｜鉛筆・トレーシングペーパー｜38.0×55.0｜白井晟一研究所

p.95｜《アトリエNo.6 立面図》1/50｜鉛筆・トレーシングペーパー｜38.0×54.2｜白井晟一研究所

善照寺本堂

p.98｜写真：外観｜ポジフィルム

p.98｜写真：©村井修｜写真：内観｜プリント・印画紙

p.99｜《善照寺断面詳細図》1/20｜鉛筆・トレーシングペーパー｜54.5×78.8｜白井晟一研究所

p.99｜《善照寺断面図》1/50｜鉛筆・トレーシングペーパー｜54.0×76.3｜白井晟一研究所

p.99｜白井晟一《善照寺スケッチ》｜鉛筆・紙｜22.4×29.6｜白井晟一研究所

第3章
1960～70年代
人の在る空間の深化

pp.100～101｜（扉）｜写真：書斎の白井晟一｜プリント・印画紙｜白井晟一研究所

飯塚邸・飯塚医院

p.102｜写真：自邸の前に立つ飯塚一家　私記『野菊』より転載｜1962年｜印刷・紙｜個人蔵

p.102｜写真：飯塚邸内観｜プリント・印画紙

p.102｜撮影：渋谷区立松濤美術館｜写真：飯塚外科医院外観｜2020年

近藤浩一路墓碑

p.103｜撮影：渋谷区立松濤美術館｜写真：墓碑｜墓碑銘は中川一政｜2020年

親和銀行東京支店

p.104｜写真：南側正面外観｜プリント・印画紙

p.104｜写真：◎村井修｜写真：内観　営業室入口｜プリント・印画紙

p.105｜写真：南側正面外観｜プリント・印画紙

p.106｜《親和銀行東京支店　立面図》1/100｜鉛筆、彩色・トレーシングペーパー｜53.8×78.6｜白井晟一研究所

p.107｜《親和銀行東京支店　平面図》1/50｜鉛筆・トレーシングペーパー｜54.0×78.6｜白井晟一研究所

親和銀行大波止支店

pp.108～109下｜写真：◎村井修｜写真：正側外観｜プリント・印画紙

p.109｜撮影：小林勝｜写真：北西側外観｜プリント・印画紙

p.109｜写真：◎村井修｜写真：内観 客溜｜プリント・印画紙

p.110｜《親和銀行大波止支店立面図》1/50｜鉛筆・トレーシングペーパー｜53.5×78.8｜白井晟一研究所

p.111｜《親和銀行大波止支店平面図》1/100｜鉛筆、彩色・トレーシングペーパー｜54.0×78.8｜白井晟一研究所

p.111｜白井晟一｜《親和銀行長崎支店スケッチ》｜鉛筆・紙｜25.0×35.8｜白井晟一研究所

親和銀行本店第1期

p.112｜写真：◎村井修｜写真：正面外観（部分）｜プリント・印画紙

p.113｜写真：◎村井修｜写真：東側正面外観｜プリント・印画紙

p.114｜写真：◎村井修｜写真：内観　営業室、エレベーター｜プリント・印画紙

p.115｜写真：◎村井修｜写真：1階階段、1階広間階段｜プリント・印画紙

p.116｜《第1期東面立面図》1/50｜鉛筆、彩色・トレーシングペーパー｜64.5×100.0｜白井晟一研究所

p.116｜《第1期3階平面図》1/50｜鉛筆・トレーシングペーパー｜65.0×100.0｜白井晟一研究所

p.117｜《第1期断面詳細図》1/50｜鉛筆・トレーシングペーパー｜54.0×78.3｜白井晟一研究所

親和銀行本店第2期

p.118｜写真：◎村井修｜写真：東側正面外観｜プリント・印画紙

p.119上｜客溜（第1期と第2期の中間部）｜プリント・印画紙

p.119下｜写真：◎村井修｜1階第1営業室｜プリント・印画紙

p.120｜写真：◎村井修｜写真：1階第1営業室、柱越しに第1営業室を眺める｜プリント・印画紙

p.121｜写真：◎村井修｜上写真：4階光庭、4階露地、客室｜プリント・印画紙

p.122｜《第2期東面立面図》1/50｜鉛筆・トレーシングペーパー｜69.8×80.8｜白井晟一研究所

p.123｜《第2期1階天井伏図》1/50｜鉛筆・トレーシングペーパー｜79.6×70.4｜白井晟一研究所

親和銀行本店第3期　電算事務センター（懐霄館）

pp.124～125｜撮影：柿沼守利｜写真：北側全景と佐世保の街並み｜ポジフィルム

p.125｜撮影：柿沼守利｜写真：正面外観、（左）西側外観、（右）東側外観｜ポジフィルム

p.126｜写真：◎村井修｜写真：吹き抜けホール｜ポジフィルム

p.126｜写真：吹き抜けホールを上から眺める｜ポジフィルム

p.127上｜撮影：柿沼守利｜写真：11階展望室｜ポジフィルム

p.127下右｜写真：◎村井修｜写真：11階展望室｜ポジフィルム

p.127｜撮影：岡本茂男｜写真：中庭｜ポジフィルム

p.128｜写真：10階サロン、噴水｜ポジフィルム

p.128｜撮影：岡本茂男｜写真：10階サロン｜ポジフィルム

p.129｜写真：◎村井修｜写真：10階サロン、噴水｜ポジフィルム

p.129｜撮影：柿沼守利｜写真：扉、エンブレム｜ポジフィルム

p.130｜写真：◎村井修｜写真：集会所ホール｜プリント・印画紙

p.131｜写真：◎村井修｜写真：吹き抜けホール｜プリント・印画紙

p.132｜《親和銀行本店第3期　電算事務センター（懐霄館）1階平面図》1/50｜鉛筆・トレーシングペーパー｜53.8×79.6｜白井晟一研究所

p.132｜《親和銀行本店第3期　電算事務センター（懐霄館）3階平面図》1/50｜鉛筆・トレーシングペーパー｜53.8×80.0｜白井晟一研究所

p.133｜《親和銀行本店第3期　電算事務センター（懐霄館）北側立面図》1/50｜鉛筆・トレーシングペーパー｜54.0×79.0｜白井晟一研究所

虚白庵

p.138｜写真：◎村井修｜写真：前面道路から見た門扉｜プリント・印画紙

p.139｜撮影：大橋富夫｜上写真：居間から庭を望む｜プリント・印画紙

p.139｜撮影：石元泰博 ◎高知県、石元泰博フォトセンター｜下写真：書斎Bから庭を望む｜プリント・印画紙

pp.140～141｜写真：◎村井修｜写真：玄関、書斎｜プリント・印画紙

昨雪軒

p.142｜写真：外観｜プリント・印画紙｜画像提供：株式会社大和組

p.142｜写真：◎村井修｜写真：内観｜プリント・印画紙

p.143｜写真：◎村井修｜写真：内観｜プリント・印画紙

尻別山寮

p.144｜撮影：佐々木卓｜写真：シュトゥーベ入口、東側外観｜プリント・印画紙

p.144｜撮影：佐々木卓｜写真：内観　ガレリー｜プリント・印画紙

p.145｜撮影：佐々木卓｜写真：東側外観

サン・セバスチャン館

p.146｜撮影：佐々木卓｜写真：南側外観｜プリント・印画紙

p.147｜撮影：佐々木卓｜写真：東側外観、西側外観｜プリント・印画紙

サンタ・キアラ館

p.148｜写真：北側外観｜ポジフィルム

p.148下、p.149｜写真：◎村井修｜写真：礼拝堂、ホール

pp.150～151｜白井晟一｜《サンタ・キアラ館西面スケッチ》｜鉛筆・紙｜35.0×67.0｜白井晟一研究所

pp.152～153｜《サンタ・キアラ館1階 平面図》1/50｜鉛筆・トレーシングペーパー｜54.0×78.6｜白井晟一研究所

pp.152～153｜《サンタ・キアラ館チャペル 平面図》1/50｜鉛筆・トレーシングペーパー｜54.0×79.0｜白井晟一研究所

ノアビル

p.154｜空撮写真：ノアビルと街並み｜画像提供：㈱ノアビルディング

p.154｜写真：◎村井修｜写真：南側外観

p.155｜写真：◎村井修｜写真：入口ホールと天井

**終章
1970～80年代
永続する空間をもとめて**

pp.156～157（扉）｜写真：白井晟一の横顔｜プリント・印画紙｜白井晟一研究所

渋谷区立松濤美術館

pp.158〜159｜写真：©村井修｜写真：ブリッジ、地下1階展示室、南西側正面｜プリント・印画紙

pp.160〜161｜撮影：柿沼守利｜写真：2階エレベーター・ホール、1階エントランスホール、螺旋階段、螺旋階段より上階を眺める｜ポジフィルム

p.161｜撮影：柿沼守利｜写真：2階特別陳列室よりサロンミューゼを眺める｜ポジフィルム

p.162｜写真：©村井修｜写真：館長室、地下2階茶室｜プリント・印画紙

pp.162〜163｜空撮写真：渋谷区立松濤美術館と街並み｜1981年頃｜ポジフィルム

p.164｜《渋谷区立松濤美術館平面図》1/100｜鉛筆・トレーシングペーパー｜42.5×60.01｜白井晟一研究所

p.165｜《渋谷区立松濤美術館立面図》1/100｜鉛筆・トレーシングペーパー｜42.5×60.01｜白井晟一研究所

静岡市立芹沢銈介美術館（石水館）

p.166｜撮影：三輪晃久｜写真：全景図｜プリント・印画紙

p.166｜撮影：古舘克明｜写真：中庭−池｜プリント・印画紙

p.167｜撮影：古舘克明｜写真：D展示室｜プリント・印画紙

p.167｜撮影：小林正昭｜写真：G展示室天井、D展示室柱頭

p.168｜撮影：三輪晃久｜写真：E展示室よりJ展示室を眺める

p.169｜撮影：三輪晃久｜写真：D展示室小池（噴水）

p.170｜《静岡市立芹沢銈介美術館（石水館）平面図》1/100｜鉛筆・トレーシングペーパー｜54.0×80.0｜白井晟一研究所

p.170｜《静岡市立芹沢銈介美術館（石水館）天井伏図》1/100｜鉛筆・トレーシングペーパー｜54.0×79.5｜白井晟一研究所

p.171｜《静岡市立芹沢銈介美術館（石水館）断面図（展示室 F/G）》1/100｜鉛筆・トレーシングペーパー｜54.0×79.5｜白井晟一研究所

p.171｜白井晟一｜《平面スケッチ（石水館か）》｜鉛筆、水彩・紙｜36.4×25.7｜白井晟一研究所

桂花の舎

p.176｜撮影：古舘克明｜写真：内観 中庭越しにサロンを眺める、外観

p.177｜撮影：大橋富夫｜写真：和室

p.177｜撮影：古舘克明｜写真：アトリエ、サロン

雲伴居

p.178｜撮影：古舘克明｜写真：外観

pp.178〜179｜撮影：古舘克明｜写真：内観

びわ湖北寮

p.180｜撮影：和木通｜写真：外観

p.181｜写真：白井晟一の横顔｜プリント・印画紙｜白井晟一研究所

アンビルトの未来建築計画

p.183（扉）｜《原爆堂配置図》｜1954年｜鉛筆、彩色・トレーシングペーパー｜95.9×72.8｜白井晟一研究所

光音劇場計画

p.184｜《光音劇場計画1階平面図「Main Floor」》1/100｜1946年｜白井晟一研究所

p.184｜《光音劇場計画立面図》1/100｜1946年｜白井晟一研究所

半僧坊計画

p.185｜《半僧坊計画平面計画試案》1/100｜1955年｜白井晟一研究所

p.185｜《半僧坊計画立面図 本堂姿図》1/50｜1955年｜白井晟一研究所

三里塚農場計画

p.186｜《三里塚農場計画平面図 馬小屋》1/100｜1946年｜白井晟一研究所

p.186｜《三里塚農場計画配置図》1/600｜1946年｜白井晟一研究所

p.187｜《三里塚農場計画平立面図》1/100｜1946年｜白井晟一研究所

原爆堂計画

pp.188〜189｜作画・大村健策｜《原爆堂計画外観透視図》｜1955年｜白井晟一研究所

p.189｜作画・大村健策｜《原爆堂計画断面図》｜1955年｜白井晟一研究所

東北労働会館（秋田労働会館）計画

pp.190〜191｜作画・大村健策｜《東北労働会館（秋田労働会館）計画外観透視図》｜1957年｜白井晟一研究所

秋田市立美術館計画

pp.192〜193｜作図・大村健策｜《秋田市立美術館計画外観透視図》｜1957年｜白井晟一研究所

京都ホテル計画

p.194｜《京都ホテル計画立面図》｜1976年｜白井晟一研究所

p.194｜《京都ホテル計画立面図》｜1976年｜白井晟一研究所

N美術館計画

p.195｜《N美術館計画立面図 西》｜1978年｜白井晟一研究所

p.195｜《N美術館計画配置図》｜1978年｜白井晟一研究所

北村徳太郎美術館計画

p.196｜《北村徳太郎美術館計画立面図》｜1980年｜白井晟一研究所

大村道場計画

p.197｜《大村道場計画立面図》1/50｜1975年｜白井晟一研究所

p.197｜《大村道場計画平面図》1/50｜1975年｜白井晟一研究所

白井晟一の愛蔵品（教材コレクション）

p.198｜タペストリー｜布｜87.5×150.5｜白井晟一建築研究所（アトリエ No.5）

p.198｜硯・筆｜石、毛・木｜硯：22.5×22.5×35.0、筆大：30.0×3.0×3.0 中：25.5×15.0×15.0 小：22.5×3.0×3.0｜白井晟一建築研究所（アトリエ No.5）

p.198｜写真：白井晟一の机まわり｜ポジフィルム｜白井晟一研究所

p.199｜イコン「キリストの変容」｜テンペラ・板｜35.5×30.0｜白井晟一研究所

p.199｜香炉｜金属｜38.0×20.0｜白井晟一研究所

p.199｜石彫女性像｜大理石｜25.0×20.0×12.0｜白井晟一研究所

p.199｜燭台風スタンドライト｜金属、布｜10.0×20.0｜白井晟一研究所

p.199｜ガラス器（白）｜ガラス、金属｜22.0×14.0｜白井晟一研究所

p.199｜ガラス器（赤）｜ガラス｜25.0×16.0｜白井晟一研究所

p.199｜水差｜金属｜10.0×20.0｜白井晟一研究所

白井晟一のドローイング

p.202｜白井晟一｜タイトル不詳−1｜インク・紙｜39.0×30.0｜白井晟一研究所

p.202｜白井晟一｜タイトル不詳−2｜インク・紙｜39.0×27.0｜白井晟一研究所

p.203｜白井晟一｜タイトル不詳−3｜鉛筆、色鉛筆・紙｜20.9.×29.8｜白井晟一研究所

p.203｜白井晟一｜タイトル不詳−4｜インク・紙｜20.8×29.8｜白井晟一研究所

p.204｜白井晟一｜タイトル不詳−5｜インク・紙｜39.0×32.0｜白井晟一研究所

p.204｜白井晟一｜タイトル不詳−6｜インク・紙｜20.9×29.8｜白井晟一研究所

p.204｜白井晟一｜タイトル不詳−7｜鉛筆、墨・紙｜33.0.×62.0｜白井晟一研究所

p.205｜白井晟一｜《スルタン・サンジャール廟（メルブ）》｜鉛筆・紙｜34.2×24.7｜白井晟一研究所

p.205｜白井晟一｜《カワイ島の仏教寺院》｜鉛筆・紙｜25.2×35.7｜白井晟一研究所

pp.206〜207｜白井晟一｜タイトル不詳−8｜インク・紙｜20.9.×29.8

p.207｜白井晟一｜タイトル不詳−9｜墨・紙｜35.0×34.3｜白井晟一研究所

p.207｜白井晟一｜タイトル不詳−10｜1963年｜墨・紙｜31.8×29.2｜白井晟一研究所

白井晟一の書籍装丁

pp.208〜209｜装丁：白井晟一｜参考画像：『真実一路』山本有三著　近藤浩一路挿絵　南沢用介（白井晟一）装｜1936年｜新潮社｜21.0×16.7（箱）｜東京造形大学（参考画像）

pp.208〜209｜装丁：白井晟一｜『ロシア・ソヴェート文学史』｜木村彰一著｜1958年｜中央公論社｜20.0×13.6（箱）｜白井晟一研究所

pp.208〜209｜装丁：白井晟一｜『文学の思い上がり その社会的責任』｜ロジェ・カイヨワ著　桑原武夫・塚崎幹夫訳｜1959年｜中央公論社｜19.5×13.2（箱）｜白井晟一研究所

pp.208〜209｜装丁：白井晟一｜『驛』幸田文著｜1961年｜中央公論社｜17.3×10.7｜白井晟一研究所

pp.208〜209｜装丁：白井晟一｜『日本のアウトサイダー』｜河上徹太郎著｜中央公論文庫｜1961年｜中央公論社｜17.3×10.7｜白井晟一研究所

pp.208〜209｜装丁：白井晟一｜『地獄の思想：日本精神の一系譜』｜梅原猛著｜中公新書｜1967年｜中央公論社｜17.3×10.9｜白井晟一研究所

pp.208〜209｜装丁：白井晟一｜『夢の浮橋』｜倉橋由美子著｜1971年｜中央公論社｜19.8×13.2（箱）｜白井晟一研究所

pp.208〜209｜装丁：白井晟一｜『白井晟一の建築』｜白井晟一著｜1974年｜中央公論社｜40.5×33.4（箱）｜白井晟一研究所

pp.208〜209｜装丁：白井晟一｜『恩地孝四郎版画集』｜恩地孝四郎著｜1975年｜形象社｜38.0×26.7（箱）｜白井晟一研究所

pp.208〜209｜装丁：白井晟一｜『西洋木造建築』｜ハンス・ユルゲン・ハンゼン編　白井晟一研究所訳　（通常版、限定版）｜1975年｜形象社｜各29.2×22.9（箱）｜白井晟一研究所

pp.208〜209｜装丁：白井晟一｜『蔵　暮しを守る』｜川添登監修　文藝春秋事業出版コーナー編　石元泰博写真｜1979年｜東京海上火災保険｜31.3×23.3（箱）｜白井晟一研究所

pp.208〜209｜装丁：白井晟一｜『悪魔のいる文学史―神秘家と狂詩人』｜澁澤龍彦著｜中公文庫｜1982年｜中央公論社｜15.0×10.5｜白井晟一研究所

白井晟一の書

p.210｜白井晟一｜《虚雲》｜紙本墨書｜77.0×31.0｜白井晟一研究所

p.210｜白井晟一｜《無伴》｜紙本墨書｜76.5×27.7｜白井晟一研究所

p.210｜白井晟一｜《妙法》｜紙本墨書｜65.5×22.5｜白井晟一研究所

p.210｜白井晟一｜《無一物》｜紙本墨書｜55.0×182.0｜白井晟一建築研究所（アトリエNo.5）

p.210｜白井晟一｜《観音》｜紙本墨書｜35.0×68.5｜白井晟一研究所

p.211｜白井晟一｜《普寧》｜紙本墨書｜35.0×51.0｜白井晟一研究所

p.211｜白井晟一｜《危座》｜紙本墨書｜35.0×61.5｜白井晟一研究所

p.211｜白井晟一｜《長安》｜紙本墨書｜35.0×61.5｜白井晟一研究所

p.212｜白井晟一｜《掃塵》｜紙本墨書｜35.0×55.0｜白井晟一研究所

p.213｜白井晟一｜《古丹》｜紙本墨書｜34.5×68.0｜白井晟一研究所

p.213｜白井晟一｜《道心》｜紙本墨書｜35.0×67.5｜白井晟一研究所

写真撮影

石元泰博　p.52下, p.92, p.93上下, p.139下

大橋富夫　p.139上, p.177上

岡本茂男　p.127左下, p.128下

小野智光　p.31上, p.36, p.37上, p.94下

柿沼守利　pp.124〜125, p.127上, pp.160〜161

久保良　p.37下, p.74下, p.87下左, p.111下, pp.150〜151, p.175,
　　　　p.183, pp.188〜193, pp.202〜209, p.213

CollaJ.jp　p.40, p.42（嵐亭・漣亭・杉亭）, p.49上

小林勝　p.109上

小林正昭　p.167下

小山孝　p.198下, p.199

佐藤嗣　p.198上

佐々木卓　p.144〜147

田中俊司　p.212

平山忠治　p.76, p.77, p.79

古舘克明　p.166下, p.167上, p.176, p.177下, pp.175〜178

藤森照信　pp.54〜55

©新潮社写真部　松崎国俊　p.72

間世潜　p.41, pp.44〜45, p.61上, pp.86〜87上, pp.88〜89,
　　　　p.93中

増田彰久　p.33

三輪晃久　p.166上, pp.168〜169

©村井修　p.98下, p.104下, p.108, p.109下, pp.112〜115, p.118, p.119
　　　　下, pp.120〜121, p.126下, p.127下右, p.129上, pp.130〜131,
　　　　p.138, pp.140〜141, p.142下, p.143, p.148下, p.149, p.154
　　　　下, p.155, pp.158〜159, p.162上下

彰国社写真部 和木通　p.180

©秋田県酒造協同組合湯沢支部　p.48

建築情報社写真部　p.60, p.61下, p.63, p.74上・中右, p.75, pp.93
　　　　〜94

横手経済新聞　p.49左下

渋谷区立松濤美術館　p.49右下, p.62, p.64, p.72, p.94, p.102右下,
　　　　p.103

画像提供

飯塚康彦　p.102上

池田尚文　p.35

中森隆利　p.32

藤森照信　pp.54〜55

株式会社式会社大和組　p.142上

株式会社ノアビルディング　p.154上

株式会社芸術生活社　pp.100〜101,表紙帯

建築設計事務所アトリエ105 鳥潟宏一　p.53

©高知県, 石元泰博フォトセンター　p.52下, p.92, p.93上下, p.139下

CollaJ.jp　p.40, p.42（嵐亭・漣亭・杉亭）, p.49上

新宿区立新宿歴史博物館　p.24下

山梨県立美術館　p.29下, p.74中左

合同会社トマトクリエイション　p.48

横手経済新聞　p.49左下

上記に記載していない画像原版（pp.158〜159, p.162を除く）は白井晟一研究所所蔵。

協力

はこだてフォトアーカイブス　p.41, pp.44〜45, p.61上, pp.86〜87上,
　　　　pp.88〜89, p.93中

※すべて順不同、敬称略

連絡先不詳のため、一部に著作権者の方とご連絡が取れなかった資料があります。
お気づきの方はどうかご一報ください。

白井晟一 入門

展覧会

企画・構成　平泉千枝（渋谷区立松濤美術館）
　　　　　　木原天彦（渋谷区立松濤美術館）
特別協力　白井晟一研究所 白井昱磨
展覧会協力　白井晟一建築研究所 アトリエNo.5

本書は企画展「白井晟一 入門」展の公式図録として刊行されました。

執筆（掲載順）　白井昱磨（白井晟一研究所）
　　　　　　岡﨑乾二郎（武蔵野美術大学、東京大学大学院）
　　　　　　羽藤広輔（信州大学）
　　　　　　白井原太（白井晟一建築研究所 アトリエNo.5）
　　　　　　井上康彦（アーツ前橋）
　　　　　　川口佳子（長崎県美術館）
　　　　　　白鳥誠一郎（静岡市立芹沢銈介美術館）
　　　　　　高波眞知子（渋谷区立松濤美術館）
　　　　　　平泉千枝
　　　　　　木原天彦
編集　渋谷区立松濤美術館
　　　　楠田博子（青幻舎）
翻訳　クリストファー・スティヴンズ
装丁・デザイン　松田行正、倉橋弘（マツダオフィス）

This is Sirai Seiichi

Exhibition

Curators: Hiraizumi Chie (The Shoto Museum of Art)
　　　　Kihara Amahiko (The Shoto Museum of Art)
Special Cooperation: Shirai Ikuma, Shirai Seiichi Institute
Cooperation: Sirai architectural institute, Atelier No.5

Catalogue

Authors: Shirai Ikuma (Shirai Seiichi Institute)
　　　Okazaki Kenjiro (Musashino Art University, The University of Tokyo)
　　　Hato Kosuke (Shinshu University)
　　　Shirai Genta (Sirai architectural institute, Atelier No.5)
　　　Inoue Yasuhiko (Arts Maebashi)
　　　Kawaguchi Yoshiko (Nagasaki Prefectural Art Museum)
　　　Shiratori Seiichiro (Shizuoka City Serizawa Keisuke Art Museum)
　　　Takanami Machiko (The Shoto Museum of Art)
　　　Hiraizumi Chie
　　　Kihara Amahiko
Editors: The Shoto Museum of Art
　　　Kusuda Hiroko (Seigensha Art Publishing, Inc.)
Translation: Christopher Stephens
Design: Matsuda Yukimasa, Kurahashi Hiro (Matzda Office Co.,Ltd)

白井晟一 入門

発行日　2021年11月12日　初版発行
　　　　　2022年3月10日　第2刷発行

編著　渋谷区立松濤美術館
発行者　片山誠
発行所　株式会社青幻舎
　　　　　〒604-8136 京都市中京区梅忠町9-1
　　　　　TEL 075-252-6766
　　　　　FAX 075-252-6770
　　　　　https://www.seigensha.com
印刷・製本　株式会社山田写真製版所

Printed in Japan
ISBN 978-4-86152-871-2 C0052
本書のコピー、スキャン、デジタル等の無断複製は、
著作権法上での例外を除き禁じられています。

This is Sirai Seiichi

First Edition printed in November 12,2021
Second Edition printed in March 10,2022

Author and Editor: The Shoto Museum of Art
Publisher: Katayama Makoto
Published by: Seigensha Art Publishing,Inc.
　　　　9-1, Umetada-cho,Nakagyo-ku,Kyoto 604-8136 Japan
　　　　TEL +81-75-252-6766
　　　　FAX +81-75-252-6770
　　　　https://www.seigensha.com
Printed by: Yamada Photo Process Co., Ltd.

Printed in Japan
ISBN 978-4-86152-871-2 C0052
All rights reserved.
No part of this publication may be reproduced
without written permission of the publisher.